中华人民共和国
反垄断法

大字学习版

中国法制出版社
CHINA LEGAL PUBLISHING HOUSE

ISBN 978-7-5216-2822-7

定 价：25.00元

图书在版编目（CIP）数据

中华人民共和国反垄断法：大字学习版/中国法制出版社编．—北京：中国法制出版社，2022.9
（法律法规大字学习版）
ISBN 978-7-5216-2822-7

Ⅰ．①中…　Ⅱ．①中…　Ⅲ．①反垄断法-中国　Ⅳ．①D922.294

中国版本图书馆CIP数据核字（2022）第142159号

责任编辑：李连宇　　　　封面设计：李　宁

中华人民共和国反垄断法：大字学习版

ZHONGHUA RENMIN GONGHEGUO FANLONGDUANFA：DAZI XUEXIBAN

编者/中国法制出版社
经销/新华书店
印刷/三河市国英印务有限公司
开本/880毫米×1230毫米　32开　　　印张/5.5　字数/96千
版次/2022年9月第1版　　　2022年9月第1次印刷

中国法制出版社出版
书号ISBN 978-7-5216-2822-7　　　定价：25.00元

北京市西城区西便门西里甲16号西便门办公区
邮政编码：100053　　　传真：010-63141600
网址：http：//www.zgfzs.com　　　**编辑部电话：010-63141813**
市场营销部电话：010-63141612　　　**印务部电话：010-63141606**

编辑说明

全民普法是全面依法治国的长期基础性工作。为方便广大读者学习法律法规，中国法制出版社全新编写了“法律法规大字学习版”丛书。在确保法律文本准确的基础上，对法条内容进行了必要的编辑加工，体例新颖，内容翔实，以帮助广大读者学习法律法规，真正让法律走到读者身边、走进读者心里。

本丛书的特点如下：

1. 大字醒目。正文法条内容通过双色印刷、大字号、宽行距等精心设计，版式疏朗，阅读顺畅，致力于为读者带来更佳的阅读体验。

2. 双色标注。对法条以双色、星级及波浪线等形式标注，既能有效消除读者对复杂、烦琐法条的畏难心理，又能帮助读者迅速把握法律法规的脉络。

3. 关联注释。在法条下方标注【相关法条】，方便读者查找翻阅关联内容，举一反三，融会贯通；同时对不易理解的法条，通过【注释】【生活小案例】【典型案例】【小测试】等版块设计，从立法背景、内容要义、实践应用等多维度帮助读者理解，力求帮助读者学懂弄通会用。

4. 实用图表。立足读者实际需求，以图表形式对所收录的法律法规重点内容进行总结提炼，贴近生活，通俗易懂，帮助读者更加直观地理解核心条款。

5. 电子增补。为了帮助读者随时掌握法律法规的最新动态，本丛书将适时进行电子增补，请读者登录中国法制出版社网站 http：//www. zgfzs. com“出版服务”中的“资源下载”频道或者关注我社官方微信公众号“中国法制出版社”免费下载。

中国法制出版社

凡 例

简 称	全 称
反垄断法	中华人民共和国反垄断法
民法典	中华人民共和国民法典
民事诉讼法	中华人民共和国民事诉讼法
关于平台经济领域的反垄断指南	国务院反垄断委员会关于平台经济领域的反垄断指南
关于原料药领域的反垄断指南	国务院反垄断委员会关于原料药领域的反垄断指南
关于知识产权领域的反垄断指南	国务院反垄断委员会关于知识产权领域的反垄断指南
垄断案件经营者承诺指南	国务院反垄断委员会垄断案件经营者承诺指南
垄断民事纠纷规定	最高人民法院关于审理因垄断行为引发的民事纠纷案件应用法律若干问题的规定

续表

简　称	全　称
检察公益诉讼解释	最高人民法院、最高人民检察院关于检察公益诉讼案件适用法律若干问题的解释
民诉解释	最高人民法院关于适用《中华人民共和国民事诉讼法》的解释

目　　录

中华人民共和国反垄断法

（2007 年 8 月 30 日第十届全国人民代表大会常务委员会第二十九次会议通过　根据 2022 年 6 月 24 日第十三届全国人民代表大会常务委员会第三十五次会议《关于修改〈中华人民共和国反垄断法〉的决定》修正）

第一章　总　　则

★ **第一条　【立法目的】**[①] 为了预防和制止垄断行为，保护市场公平竞争，鼓励创新，提高经济运行效率，维护消费者利益和社会公共利益，促进社会主义市场经济健康发展，制定本法。

注释

本条列举了我国《反垄断法》的七项立法目的，即：(1) 预防和制止垄断行为；(2) 保护市场公平竞争；(3) 鼓

① 本书条文主旨为编者所加，为方便读者检索使用，仅供参考，下同。

励创新；(4) 提高经济运行效率；(5) 维护消费者利益；(6) 维护社会公共利益；(7) 促进社会主义市场经济健康发展。其中，“鼓励创新”是2022年《反垄断法》修正时新增的表述。

★ **第二条 【适用范围】** 中华人民共和国境内经济活动中的垄断行为，适用本法；中华人民共和国境外的垄断行为，对境内市场竞争产生排除、限制影响的，适用本法。

注释

本条明确规定了本法的空间效力，即：本法不仅调整我国境内经济活动中的垄断行为，还调整在我国境外发生但对境内市场竞争产生排除、限制影响的垄断行为。

典型案例

B公司滥用市场支配地位纠纷案①

A广东移动通信有限公司（以下简称A公司）和A广东移动通信有限公司深圳分公司（以下简称A深圳分公司）

① 参见最高人民法院：《人民法院反垄断和反不正当竞争典型案例》，https://www.court.gov.cn/zixun-xiangqing-324491.html，最后访问时间：2022年8月2日。

是全球性智能终端制造商和移动互联网服务提供商，其共同向广州知识产权法院提起诉讼，主张B国际有限公司及其子公司B香港有限公司（以下简称B公司）拥有无线通信领域相关标准必要专利，具有市场支配地位，在标准必要专利的许可协商中违反了公平、合理和无歧视的原则，实施了收取不公平高价许可费等滥用市场支配地位的行为，并就相同专利在不同国家提起诉讼，给A公司、A深圳分公司的经营行为造成负面影响和经济损失。B公司提出管辖权异议，主张在案证据不足以证明广州知识产权法院对该案具有管辖权，B公司已就标准必要专利许可问题在英国法院提起诉讼，本案应由英国法院审理。广州知识产权法院驳回了B公司的管辖权异议。B公司不服，提起上诉。最高人民法院二审认为，鉴于标准必要专利许可市场的特殊性，结合B公司已在其他国家提起专利侵权诉讼，可能对A公司等参与国内相关市场的竞争造成直接、实质、显著的排除与限制竞争效果，A公司住所地广东省东莞市可以作为本案侵权结果发生地，广州知识产权法院对本案具有管辖权。

本案涉及与标准必要专利有关的滥用市场支配地位垄断纠纷管辖问题。案件既涉及双方主体在全球不同司法辖区平行的标准必要专利侵权纠纷对我国法院管辖垄断纠纷的影响，又涉及垄断纠纷的相关案件事实发生在国外应否适用不方便法院原则的问题。本案裁定以《反垄断法》第2条规定的域外适用原则为依据，对垄断纠纷的域外管辖问题进行了探索，明确了涉国际标准必要专利垄断纠纷案件的管辖规则，对人民法院依法积极行使对涉外反垄断案件的司法管辖权、充分发挥司法职能作用维护公平竞争的市场环境具有典型意义和促进作用。

☞ **相关法条**

《民事诉讼法》第29条

《民诉解释》第24条

《垄断民事纠纷规定》第4条

★★ **第三条　【垄断行为的类型】**本法规定的垄断行为包括：

（一）经营者达成垄断协议；

（二）经营者滥用市场支配地位；

（三）具有或者可能具有排除、限制竞争效果的经营者集中。

注释

本条规定了垄断行为的三大种类。

（1）根据本法第16条的规定，本法所称垄断协议，是指排除、限制竞争的协议、决定或者其他协同行为。

（2）根据本法第22条第3款的规定，本法所称市场支配地位，是指经营者在相关市场内具有能够控制商品价格、数量或者其他交易条件，或者能够阻碍、影响其他经营者进入相关市场能力的市场地位。

（3）根据本法第25条的规定，经营者集中是指下列情形：①经营者合并；②经营者通过取得股权或者资产的方式取得对其他经营者的控制权；③经营者通过合同等方式取得对其他经营者的控制权或者能够对其他经营者施加决定性影响。

★ **第四条　【反垄断工作的原则要求】** 反垄断工作坚持中国共产党的领导。

国家坚持市场化、法治化原则，强化竞争政策基础地位，制定和实施与社会主义市场经济相适应的竞争规则，完善宏观调控，健全统一、开放、竞争、有序的市场体系。

注释

本条在2022年《反垄断法》修正时增加了两项内容：

（1）“反垄断工作坚持中国共产党的领导”；

（2）“坚持市场化、法治化原则，强化竞争政策基础地位”。

★★ **第五条 【公平竞争审查制度】** 国家建立健全公平竞争审查制度。

行政机关和法律、法规授权的具有管理公共事务职能的组织在制定涉及市场主体经济活动的规定时，应当进行公平竞争审查。

注释

本条是2022年《反垄断法》修正时新增的内容，其直接以新增条款的形式将“公平竞争审查制度”上升到法律层面。理解公平竞争审查制度，需要注意以下几点：

（1）公平竞争审查的对象：《公平竞争审查制度实施细则》第2条第1款规定，行政机关以及法律、法规授权的具有管理公共事务职能的组织（以下统称政策制定机关），在制定市场准入和退出、产业发展、招商引资、招标投标、政府采购、经营行为规范、资质标准等涉及市场主体经济活动的规章、规范性文件、其他政策性文件以及“一事一议”形式的具体政策措施（以下统称政策措施）时，应当进行公平竞争审查，评估对市场竞争的影响，防止排除、限制市场竞争。

（2）公平竞争审查的结果：《公平竞争审查制度实施细则》第2条第2款规定，经公平竞争审查认为不具有排除、限制竞争效果或者符合例外规定的，可以实施；具有排除、限制竞争效果且不符合例外规定的，应当不予出台或者调整至符合相关要求后出台；未经公平竞争审查的，不得出台。

(3) 公平竞争审查的主体：《公平竞争审查制度实施细则》第3条规定，涉及市场主体经济活动的行政法规、国务院制定的政策措施，以及政府部门负责起草的地方性法规、自治条例和单行条例，由起草部门在起草过程中按照本细则规定进行公平竞争审查。未经公平竞争审查的，不得提交审议。以县级以上地方各级人民政府名义出台的政策措施，由起草部门或者本级人民政府指定的相关部门进行公平竞争审查。起草部门在审查过程中，可以会同本级市场监管部门进行公平竞争审查。未经审查的，不得提交审议。以多个部门名义联合制定出台的政策措施，由牵头部门负责公平竞争审查，其他部门在各自职责范围内参与公平竞争审查。政策措施涉及其他部门职权的，政策制定机关在公平竞争审查中应当充分征求其意见。

(4) 公平竞争审查的标准：根据《公平竞争审查制度实施细则》第13条的规定，政策制定机关不得设置不合理或者歧视性的准入和退出条件；未经公平竞争不得授予经营者特许经营权；不得限定经营、购买、使用特定经营者提供的商品和服务；不得设置没有法律、行政法规或者国务院规定依据的审批或者具有行政审批性质的事前备案程序；不得对市场准入负面清单以外的行业、领域、业务等设置审批程序。

☞ **相关法条**

《公平竞争审查制度实施细则》第2条、第3条、第6~8条、第13条

★ **第六条　【经营者集中的原则规定】**经营者可以通过公平竞争、自愿联合，依法实施集中，扩大经营规模，提高市场竞争能力。

注释

根据《反垄断法》第26条第1款的规定，经营者集中达到国务院规定的申报标准的，经营者应当事先向国务院反垄断执法机构申报，未申报的不得实施集中。

☞ **相关法条**

《国家市场监督管理总局反垄断局关于经营者集中申报的指导意见》

《经营者集中审查暂行规定》第2条

★ **第七条　【对具有市场支配地位的经营者的原则要求】**具有市场支配地位的经营者，不得滥用市场支配地位，排除、限制竞争。

注释

根据本法第23条的规定，认定经营者具有市场支配地位，应当依据下列因素：(1) 该经营者在相关市场的市场份额，以及相关市场的竞争状况；(2) 该经营者控制销售市场或者原材料采购市场的能力；(3) 该经营者的财力和技术条件；(4) 其他经营者对该经营者在交易上的依赖程度；(5) 其他经营者进入相关市场的难易程度；(6) 与认定该经营者市场支配地位有关的其他因素。

第八条 【特定行业经营者的经营行为】 国有经济占控制地位的关系国民经济命脉和国家安全的行业以及依法实行专营专卖的行业，国家对其经营者的合法经营活动予以保护，并对经营者的经营行为及其商品和服务的价格依法实施监管和调控，维护消费者利益，促进技术进步。

前款规定行业的经营者应当依法经营，诚实守信，严格自律，接受社会公众的监督，不得利用其控制地位或者专营专卖地位损害消费者利益。

★ **第九条 【经营者不得利用数据和算法、技术、资本优势以及平台规则进行垄断】** 经营者不得利用数据和算法、技术、资本优势以及平台规则等从事本法禁止的垄断行为。

注释

本条是2022年《反垄断法》修正时新增的内容，明确规定了数字经济领域经营者的基本反垄断义务。

第十条　【不得滥用行政权力排除、限制竞争】行政机关和法律、法规授权的具有管理公共事务职能的组织不得滥用行政权力，排除、限制竞争。

★ 第十一条　【加强反垄断法实施】国家健全完善反垄断规则制度，强化反垄断监管力量，提高监管能力和监管体系现代化水平，加强反垄断执法司法，依法公正高效审理垄断案件，健全行政执法和司法衔接机制，维护公平竞争秩序。

注释

本条是2022年《反垄断法》修正时新增的内容，是关于国家强化反垄断监管以及执法、司法的原则性规定。

★★ 第十二条　【国务院反垄断委员会】国务院设立反垄断委员会，负责组织、协调、指导反垄断工作，履行下列职责：

（一）研究拟订有关竞争政策；

（二）组织调查、评估市场总体竞争状况，发布评估报告；

（三）制定、发布反垄断指南；

（四）协调反垄断行政执法工作；

（五）国务院规定的其他职责。

国务院反垄断委员会的组成和工作规则由国务院规定。

注释

国务院反垄断委员会负责对我国反垄断工作进行全面的组织、协调、指导。国务院反垄断委员会办公室设在市场监管总局，承担国务院反垄断委员会日常工作。

★ **第十三条　【反垄断执法机构】** 国务院反垄断执法机构负责反垄断统一执法工作。

国务院反垄断执法机构根据工作需要，可以授权省、自治区、直辖市人民政府相应的机构，依照本法规定负责有关反垄断执法工作。

注释

本条第1款的表述在2022年《反垄断法》修正时略有调整，强调国务院反垄断执法机构负责反垄断统一执法工作。

根据《禁止垄断协议暂行规定》第2条的规定，国家市场监督管理总局（以下简称市场监管总局）负责垄断协议的反垄断执法工作。市场监管总局根据《反垄断法》第13条第2款规定，授权各省、自治区、直辖市市场监督管理部门（以下简称省级市场监管部门）负责本行政区域内垄断协议的反垄断执法工作。本规定所称反垄断执法机构包括市场监管总局和省级市场监管部门。

☞ **相关法条**

《禁止垄断协议暂行规定》第2条

★ **第十四条　【行业协会自律作用】**行业协会应当加强行业自律，引导本行业的经营者依法竞争，合规经营，维护市场竞争秩序。

注释

本条在2022年《反垄断法》修正时增加了“合规经营”的表述，即行业协会负有引导本行业经营者合规经营的责任。

★ **第十五条　【经营者和相关市场定义】**本法所称经营者，是指从事商品生产、经营或者提供服务的自然人、法人和非法人组织。

本法所称相关市场，是指经营者在一定时期内就特定商品或者服务（以下统称商品）进行竞争的商品范围和地域范围。

注释

本条在2022年《反垄断法》修正时，将“其他组织”调整为“非法人组织”。根据《民法典》第102条的规定，非法人组织是不具有法人资格，但是能够依法以自己的名义从事民事活动的组织。非法人组织包括个人独资企业、合伙企业、不具有法人资格的专业服务机构等。

典型案例

潘某与上海某商品拍卖有限公司滥用市场支配地位纠纷案①

潘某系上海市市民，多次参与上海某商品拍卖有限公司（以下简称上海拍卖公司）组织的上海市非营利性客车额度拍卖，但未获成功。上海拍卖公司根据上海市交通委员会的委托，为上海市非营业性客车额度的唯一拍卖公司。上海拍卖公司对于参加拍卖的竞拍者收取2000元保证金，并收取每次100元的拍卖手续费。潘某提起诉讼，

① 参见最高人民法院：《2008-2018年中国法院反垄断民事诉讼10大案件案情简介》，https：//www. court. gov. cn/zixun－xiangqing－130571. html，最后访问时间：2022年8月2日。

认为作为非营利性客车额度拍卖市场上的唯一拍卖机构，上海拍卖公司利用其在上海市非营利性客车额度拍卖市场的支配地位，对竞拍者收取高额保证金和拍卖手续费，构成滥用市场支配地位的垄断行为，诉请法院确认上海拍卖公司的高额收费行为属于垄断行为，并赔偿其经济损失300元。法院经审理后认为，上海市非营利性客车额度属于由政府统一调控和管理的社会公共资源，不属于市场交易的商品或服务。对非营业性客车额度组织竞价拍卖，是政府交通管理职能部门调控和管理这种公共资源的一种具体方式。上海拍卖公司接受委托所提供的此项拍卖服务本质上不构成《反垄断法》规定的可以竞争的商品或服务市场，不属于《反垄断法》的调整范畴，遂判决驳回潘某的诉讼请求。

▶▶小测试◀◀ *①

1. 《反垄断法》的立法目的是预防和制止垄断行为，保护市场公平竞争，鼓励创新，提高经济运行效率，维护消费

---

* 本书小测试依次设置判断、选择、填空三种题型。

① 【答案】1. √。2. ×，解析：《反垄断法》第2条。3. C。4. ABC。5. ABC。6. ABCD。7. AC。8. ABCD。9. 市场化；法治化。10. 公平竞争；自愿联合。11. 合法经营活动。12. 反垄断规则制度。13. 统一。14. 合规经营。15. 非法人组织。

者利益和社会公共利益，促进社会主义市场经济健康发展。（　　）

2. 中华人民共和国境外的垄断行为，不适用《反垄断法》。（　　）

3. 国家建立健全（　　）竞争审查制度。

A. 公正　　B. 公开

C. 公平　　D. 高效

4. 下列哪些选项属于《反垄断法》规定的垄断行为？（　　）

A. 经营者达成垄断协议

B. 经营者滥用市场支配地位

C. 具有或者可能具有排除、限制竞争效果的经营者集中

D. 经营者集中

5. 具有市场支配地位的经营者，不得（　　）。

A. 滥用市场支配地位　　B. 排除竞争

C. 限制竞争　　D. 实施经营者集中

6. 经营者不得利用（　　）从事《反垄断法》禁止的垄断行为。

A. 数据和算法　　B. 技术

C. 资本优势　　D. 平台规则

7. （　　）不得滥用行政权力，排除、限制竞争。

A. 行政机关

B. 法律、法规授权的所有组织

C. 法律、法规授权的具有管理公共事务职能的组织

D. 民间团体

8. 下列哪些选项属于反垄断委员会的职责？（　　）

A. 研究拟订有关竞争政策

B. 组织调查、评估市场总体竞争状况，发布评估报告

C. 制定、发布反垄断指南

D. 协调反垄断行政执法工作

9. 国家坚持______、______原则，强化竞争政策基础地位，制定和实施与社会主义市场经济相适应的竞争规则，完善宏观调控，健全统一、开放、竞争、有序的市场体系。

10. 经营者可以通过______、______，依法实施集中，扩大经营规模，提高市场竞争能力。

11. 国有经济占控制地位的关系国民经济命脉和国家安全的行业以及依法实行专营专卖的行业，国家对其经营者的______予以保护，并对经营者的经营行为及其商品和服务的价格依法实施监管和调控，维护消费者利益，促进技术进步。

12. 国家健全完善______，强化反垄断监管力量，提高监管能力和监管体系现代化水平，加强反垄断执法司法，依法公正高效审理垄断案件，健全行政执法和司法衔接机制，维护公平竞争秩序。

13. 国务院反垄断执法机构负责反垄断______执法工作。

14. 行业协会应当加强行业自律，引导本行业的经营者依法竞争，______，维护市场竞争秩序。

15. 《反垄断法》所称经营者，是指从事商品生产、经营或者提供服务的自然人、法人和______。

第二章　垄断协议

☆☆ **第十六条　【垄断协议定义】** 本法所称垄断协议，是指排除、限制竞争的协议、决定或者其他协同行为。

注释

本条明确规定了垄断协议的定义。

《禁止垄断协议暂行规定》第5条第2款、第3款规定，协议或者决定可以是书面、口头等形式。其他协同行为是指经营者之间虽未明确订立协议或者决定，但实质上存在协调一致的行为。

《禁止垄断协议暂行规定》第6条规定，认定其他协同行为，应当考虑下列因素：(1) 经营者的市场行为是否具有一致性；(2) 经营者之间是否进行过意思联络或者信息交流；(3) 经营者能否对行为的一致性作出合理解释；(4) 相关市场的市场结构、竞争状况、市场变化等情况。

此外，为了预防和制止平台经济领域的垄断行为，保护市场公平竞争，促进平台经济规范有序创新健康发展，维护消费者利益和社会公共利益，国务院反垄断委员会根据《反垄断法》等法律规定，制定了《关于平台经济领域的反垄断指南》，该《指南》第5条规定了平台经济领域垄断协议的形式，即：平台经济领域垄断协议是指经营者排除、限制竞争的协议、决定或者其他协同行为。协议、决定可以是书面、口头等形式。其他协同行为是指经营者虽未明确订立协议或者决定，但通过数据、算法、平台规则或者其他方式实质上存在协调一致的行为，有关经营者基于独立意思表示所作出的价格跟随等平行行为除外。

☞ **相关法条**

《关于平台经济领域的反垄断指南》第5条

《禁止垄断协议暂行规定》第5条、第6条

★★ **第十七条　【横向垄断协议】** 禁止具有竞争关系的经营者达成下列垄断协议：

（一）固定或者变更商品价格；

（二）限制商品的生产数量或者销售数量；

（三）分割销售市场或者原材料采购市场；

（四）限制购买新技术、新设备或者限制开发新技术、新产品；

（五）联合抵制交易；

（六）国务院反垄断执法机构认定的其他垄断协议。

注释

本条是对横向垄断协议的禁止规定。

《关于平台经济领域的反垄断指南》第 6 条规定，具有竞争关系的平台经济领域经营者可能通过下列方式达成固定价格、分割市场、限制产（销）量、限制新技术（产品）、联合抵制交易等横向垄断协议：(1) 利用平台收集并且交换价格、销量、成本、客户等敏感信息；(2) 利用技术手段进行意思联络；(3) 利用数据、算法、平台规则等实现协调一致行为；(4) 其他有助于实现协同的方式。本指南所称价格，包括但不限于商品价格以及经营者收取的佣金、手续费、会员费、推广费等服务收费。

《关于平台经济领域的反垄断指南》第 8 条规定，具有竞争关系的平台内经营者可能借助与平台经营者之间的纵向关系，或者由平台经营者组织、协调，达成具有横向垄断协议效果的轴辐协议。分析该协议是否属于《反垄断法》第 13 条、第 14 条①规制的垄断协议，可以考虑具有竞争关系的平台内经营者之间是否利用技术手段、平台规则、数据和算法等方式，达成、实施垄断协议，排除、限制相关市场竞争。

《关于原料药领域的反垄断指南》第 9 条规定，经营者不得组织原料药经营者达成垄断协议或者为其达成垄断

① 现分别为《反垄断法》（2022 年修正）第 17 条、第 18 条。

协议提供实质性帮助。具有竞争关系的原料药经营者可能借助与其他经营者之间的纵向关系，或者由其他经营者组织、协调，达成具有横向垄断协议效果的轴辐协议。分析该协议是否属于《反垄断法》第13条①规制的垄断协议，主要考虑原料药经营者是否应知或者明知其他经营者与同一原料药经销企业签订相同、相似或者具有相互配合关系的协议。

典型案例一

“砖瓦协会”垄断纠纷案②

张某某主张其系在宜宾市砖瓦协会的发起人四川省宜宾市吴桥建材工业有限责任公司（以下简称吴桥公司）、宜宾县四和建材有限责任公司（以下简称四和公司）、曹某某等的胁迫下加入该砖瓦协会，签订《停产整改合同》，并因该合同被迫停止生产。宜宾市砖瓦协会及其发起人通过广泛签订上述合同，迫使宜宾市部分砖瓦企业停产，通过减少砖瓦供应量，提高砖瓦价格，赢取不当利益，上述行为明显具有排除、限制竞争的目的，且在特定时间内实现

① 现为《反垄断法》（2022年修正）第17条。

② 参见最高人民法院：《人民法院反垄断和反不正当竞争典型案例》，https：//www.court.gov.cn/zixun-xiangqing-324491.html，最后访问时间：2022年8月2日。

了排除、限制竞争的效果，构成《反垄断法》规定的横向垄断协议。但宜宾市砖瓦协会和仍维持生产的砖瓦企业支付了少量停产扶持费后，不再依照约定付款，其行为排除了张某某参与竞争，违反了《反垄断法》的规定，故张某某诉至法院。一审法院认为，被诉行为构成对《反垄断法》的违反，侵害了张某某的权益，故判决吴桥公司、四和公司、曹某某、宜宾市砖瓦协会连带赔偿张某某经济损失33.6万元、合理开支5000元。吴桥公司、曹某某、宜宾市砖瓦协会不服，向最高人民法院提起上诉。最高人民法院二审认为，该案的核心问题是，张某某作为该案横向垄断协议的实施者之一，是否有权要求该垄断协议的其他实施者赔偿其所谓经济损失。鉴于横向垄断协议实施者主张损害赔偿，实质上是要求瓜分垄断利益，故判决撤销一审判决，驳回张某某的全部诉讼请求。

横向垄断协议实施者要求其他实施者赔付其因实施该横向垄断协议遭受的损失，本质上是要求在横向垄断协议实施者之间对垄断利益作重新分配。该案阐明了垄断民事救济的宗旨和导向，明确了请求损害赔偿救济者，其行为必须正当合法的基本原则，揭示了横向垄断协议实施者要求其他实施者赔偿所谓损失的瓜分垄断利益的本质，对于打击横向垄断行为、维护公平竞争秩序、引导行业协会良性发展具有重要意义。

典型案例二

娄某林诉某市水产批发行业协会横向垄断协议纠纷上诉案①

某市水产批发行业协会（以下简称水产批发协会）在其《某市水产批发行业协会手册》中的“奖罚规定”部分规定：“禁止会员在本协会会员所在的市场向非会员销售整件扇贝”“禁止会员不正当竞争，不按协会规定的销售价格折价销售扇贝”，同时在协会内部执行上述规定，并多次就獐子岛扇贝价格调整进行研究并予以确定。娄某林退出水产批发协会后无法获得獐子岛扇贝供货渠道，无法销售獐子岛扇贝。娄某林认为，水产批发协会的上述行为侵害了其合法权益。两审法院均认为水产批发协会的行为构成《反垄断法》所禁止的横向垄断协议。具体而言，水产批发协会于2011年9月29日登记成立之后，多次组织会议对于不同种类的扇贝产品的销售价格、禁止不按规定价格折价销售以及相应处罚等进行讨论并作出相应的决定，通过固定和变更价格减少甚至消除会员之间的竞争，提高销售利润，损害了消费者的利益。水产批发协会组织经营者达成固定、变更价格的垄断协议，违反了《反垄断法》的规定。

① 参见最高人民法院：《2008-2018年中国法院反垄断民事诉讼10大案件案情简介》，https：//www.court.gov.cn/zixun-xiangqing-130571.html，最后访问时间：2022年8月2日。

☞ **相关法条**

《关于平台经济领域的反垄断指南》第6条、第8条

《关于原料药领域的反垄断指南》第9条

☆☆ **第十八条　【纵向垄断协议】** 禁止经营者与交易相对人达成下列垄断协议：

（一）固定向第三人转售商品的价格；

（二）限定向第三人转售商品的最低价格；

（三）国务院反垄断执法机构认定的其他垄断协议。

对前款第一项和第二项规定的协议，经营者能够证明其不具有排除、限制竞争效果的，不予禁止。

经营者能够证明其在相关市场的市场份额低于国务院反垄断执法机构规定的标准，并符合国务院反垄断执法机构规定的其他条件的，不予禁止。

注释

本条前两款是对纵向垄断协议的规定，第3款是对安全港规则的规定。其中，本条后两款为2022年《反垄断法》修正时新增的内容。

《关于平台经济领域的反垄断指南》第7条规定，平台经济领域经营者与交易相对人可能通过下列方式达成固定转售价格、限定最低转售价格等纵向垄断协议：(1) 利用技术手段对价格进行自动化设定；(2) 利用平台规则对

价格进行统一；（3）利用数据和算法对价格进行直接或者间接限定；（4）利用技术手段、平台规则、数据和算法等方式限定其他交易条件，排除、限制市场竞争。平台经营者要求平台内经营者在商品价格、数量等方面向其提供等于或者优于其他竞争性平台的交易条件的行为可能构成垄断协议，也可能构成滥用市场支配地位行为。分析上述行为是否构成《反垄断法》第14条第3项①规定的纵向垄断协议，可以综合考虑平台经营者的市场力量、相关市场竞争状况、对其他经营者进入相关市场的阻碍程度、对消费者利益和创新的影响等因素。

《关于知识产权领域的反垄断指南》第13条也规定了“安全港规则”，即：为了提高执法效率，给市场主体提供明确的预期，设立安全港规则。安全港规则是指，如果经营者符合下列条件之一，通常不将其达成的涉及知识产权的协议认定为《反垄断法》第13条第1款第6项和第14条第3项②规定的垄断协议，但是有相反的证据证明该协议对市场竞争产生排除、限制影响的除外。（1）具有竞争关系的经营者在相关市场的市场份额合计不超过20%；

① 现为《反垄断法》（2022年修正）第18条第1款第3项。

② 现分别为《反垄断法》（2022年修正）第17条第6项、第18条第1款第3项。

(2) 经营者与交易相对人在受到涉及知识产权的协议影响的任一相关市场上的市场份额均不超过30%;(3) 如果经营者在相关市场的份额难以获得,或者市场份额不能准确反映经营者的市场地位,但在相关市场上除协议各方控制的技术外,存在4个或者4个以上能够以合理成本得到的由其他经营者独立控制的具有替代关系的技术。

典型案例一

北京某科贸有限公司诉某生(上海)医疗器材有限公司、某生(中国)医疗器材有限公司纵向垄断协议纠纷上诉案[①]

北京某科贸有限公司(以下简称科贸公司)作为某生(上海)医疗器材有限公司、某生(中国)医疗器材有限公司(以下合称某生公司)医用缝线、吻合器等医疗器械产品的经销商,与某生公司已有15年的经销合作关系。2008年1月,某生公司与科贸公司签订《经销合同》及附件,约定科贸公司不得以低于某生公司规定的价格销售产品。2008年3月,科贸公司在北京大学人民医院举行的某

① 参见最高人民法院:《2008-2018年中国法院反垄断民事诉讼10大案件案情简介》,https://www.court.gov.cn/zixun-xiangqing-130571.html,最后访问时间:2022年8月2日。

生医用缝线销售招标中以最低报价中标。2008年7月，某生公司以科贸公司私自降价为由取消了科贸公司在阜外医院、整形医院的经销权。2008年8月15日后，某生公司不再接受科贸公司医用缝线产品订单，2008年9月完全停止了缝线产品、吻合器产品的供货。2009年，某生公司不再与科贸公司续签经销合同。科贸公司遂诉至法院，主张某生公司在经销合同中约定的限制最低转售价格条款构成《反垄断法》所禁止的纵向垄断协议，请求判令某生公司赔偿因执行该垄断协议对科贸公司低价竞标行为进行“处罚”而给其造成的经济损失人民币1439.93万元。一审法院判决驳回科贸公司的诉讼请求。科贸公司不服，提起上诉。上海市高级人民法院二审认为，依据产品的需求、供给的替代性分析，应将本案的相关市场界定为中国大陆地区医用手术缝线市场，并且可以认定此相关市场竞争并不充分；某生公司凭借其在全球市场的优势、其丰富的产品品种、很高的产品声誉、其对销售渠道的控制以及其他优势，在竞争并不充分的本案相关市场具有很强的竞争优势和定价能力；某生公司对经销商的管理考评制度等证据表明其在本案中实施的限制最低转售价格的行为具有明显限制竞争的动机；某生公司所实施的本案中限制最低转售价格的行为，导致中国大陆地区医用手术缝线市场的产品价格长期维持在一个较高水平，限制了市场竞争，而没有产生其他促进竞争的效果。综合上述情况，二审法院认定本案所涉限制最低转售价格协议属于《反垄断法》所禁止的垄断协议，某生公司制定、实施该协议并按该协议处罚科贸公司的行为属于违法行为，故判决某生公司赔偿科贸公司经济损失人民币53万元。

典型案例二

东莞市某电器商店诉东莞市某贸易有限公司、东莞市某电器有限公司纵向垄断协议纠纷上诉案①

东莞市某电器商店（以下简称电器商店，合同丙方）与东莞市某贸易有限公司（以下简称贸易公司，合同甲方）、东莞市某电器有限公司（以下简称电器公司，合同乙方）签订了2012年度、2013年度《东莞地区某品牌电器家用空调销售三方协议》，明确约定：丙方必须遵守甲方市场管理规范的相关制度及要求，终端销售过程中最低零售价不得低于甲方每期的最低零售价，不得产生任何形式的低价行为。2015年年初，电器商店拟解除与贸易公司和电器公司的

① 参见最高人民法院：《2008-2018年中国法院反垄断民事诉讼10大案件案情简介》，https：//www.court.gov.cn/zixun-xiangqing-130571.html，最后访问时间：2022年8月2日。

合作关系。电器公司以电器商店在2013年2月期间违反约定以低于最低零售价格销售产品，被贸易公司按约定罚款13000元为由，未全数退还电器商店缴纳的“维护诚意押金”，电器商店遂诉至法院。电器商店主张，贸易公司作为某品牌空调在广东省东莞市的总经销商控制销售价格，限制电器商店作为经销商不得低于其制定的最低零售价格售卖某品牌空调商品，属于垄断行为。法院经审理认为，纵向垄断协议应当由原告对本案限制最低转售价格协议是否具有排除、限制竞争效果承担证明责任，举证不力的法律后果由原告承担。本案现有证据不足以证明涉案限制最低转售价格的协议具有排除、限制竞争的效果，遂判决驳回电器商店的诉讼请求。

☞ **相关法条**

《关于平台经济领域的反垄断指南》第7条

《关于知识产权领域的反垄断指南》第13条

★★ **第十九条　【组织、帮助达成垄断协议】**经营者不得组织其他经营者达成垄断协议或者为其他经营者达成垄断协议提供实质性帮助。

注释

本条是2022年《反垄断法》修正时新增的内容，是关于组织、帮助达成垄断协议的规定。

本条并不要求经营者具有市场支配地位，只要其组织行为或者实质性帮助促成了垄断协议的达成，就构成对《反垄断法》的违反。

☆☆ **第二十条　【垄断协议豁免】**经营者能够证明所达成的协议属于下列情形之一的，不适用本法第十七条、第十八条第一款、第十九条的规定：

（一）为改进技术、研究开发新产品的；

（二）为提高产品质量、降低成本、增进效率，统一产品规格、标准或者实行专业化分工的；

（三）为提高中小经营者经营效率，增强中小经营者竞争力的；

（四）为实现节约能源、保护环境、救灾救助等社会公共利益的；

（五）因经济不景气，为缓解销售量严重下降或者生产明显过剩的；

（六）为保障对外贸易和对外经济合作中的正当利益的；

（七）法律和国务院规定的其他情形。

属于前款第一项至第五项情形，不适用本法第十七条、第十八条第一款、第十九条规定的，经营者还应当证明所达成的协议不会严重限制相关市场的竞争，并且能够使消费者分享由此产生的利益。

注释

本条明确规定了垄断协议的七种豁免情形。

《禁止垄断协议暂行规定》第27条规定，反垄断执法机构认定被调查的垄断协议是否属于《反垄断法》第15条①规定的情形，应当考虑下列因素：(1) 协议实现该情形的具体形式和效果；(2) 协议与实现该情形之间的因果关系；(3) 协议是否是实现该情形的必要条件；(4) 其他可以证明协议属于相关情形的因素。反垄断执法机构认定消费者能否分享协议产生的利益，应当考虑消费者是否因协议的达成、实施在商品价格、质量、种类等方面获得利益。

☞ 相关法条

《禁止垄断协议暂行规定》第27条

☆☆ 第二十一条 【行业协会不得组织垄断协议】

行业协会不得组织本行业的经营者从事本章禁止的垄断行为。

注释

本条中的“行业协会”，通常是指由同行业经济组织

① 现为《反垄断法》(2022年修正) 第20条。

和个人组成，行使行业服务和自律管理职能的各种协会、学会、商会、联合会、促进会等社会团体法人。

☞ 相关法条

《禁止垄断协议暂行规定》第14条

▶▶小测试◀◀①

1. 《反垄断法》所称垄断协议，是指排除、限制竞争的协议、决定或者其他协同行为。（　　）
2. 我国《反垄断法》禁止具有竞争关系的经营者达成下列哪些垄断协议？（　　）
   A. 固定或者变更商品价格
   B. 限制商品的生产数量或者销售数量
   C. 限制购买新技术、新设备或者限制开发新技术、新产品
   D. 联合抵制交易
3. 我国《反垄断法》禁止经营者与交易相对人达成下列哪些垄断协议？（　　）
   A. 固定向第三人转售商品的价格
   B. 限定向第三人转售商品的最低价格

① 【答案】1. √。2. ABCD。3. ABD。4. ABCD。5. 实质性帮助。

C. 限定向第三人转售商品的最高价格

D. 国务院反垄断执法机构认定的其他垄断协议

4. 经营者能够证明所达成的协议属于下列哪些情形之一的，不属于《反垄断法》禁止的垄断行为？（　　）

A. 为改进技术、研究开发新产品的

B. 为提高产品质量、降低成本、增进效率，统一产品规格、标准或者实行专业化分工的

C. 为提高中小经营者经营效率，增强中小经营者竞争力的

D. 因经济不景气，为缓解销售量严重下降或者生产明显过剩的

5. 经营者不得组织其他经营者达成垄断协议或者为其他经营者达成垄断协议提供__________。

第三章 滥用市场支配地位

☆☆ **第二十二条 【禁止滥用市场支配地位】** 禁止具有市场支配地位的经营者从事下列滥用市场支配地位的行为：

（一）以不公平的高价销售商品或者以不公平的低价购买商品；

（二）没有正当理由，以低于成本的价格销售商品；

（三）没有正当理由，拒绝与交易相对人进行交易；

（四）没有正当理由，限定交易相对人只能与其进行交易或者只能与其指定的经营者进行交易；

（五）没有正当理由搭售商品，或者在交易时附加其他不合理的交易条件；

（六）没有正当理由，对条件相同的交易相对人在交易价格等交易条件上实行差别待遇；

（七）国务院反垄断执法机构认定的其他滥用市场支配地位的行为。

具有市场支配地位的经营者不得利用数据和算

法、技术以及平台规则等从事前款规定的滥用市场支配地位的行为。

本法所称市场支配地位，是指经营者在相关市场内具有能够控制商品价格、数量或者其他交易条件，或者能够阻碍、影响其他经营者进入相关市场能力的市场地位。

注释

本条明确规定了市场支配地位的定义以及滥用市场支配地位的情形，其中第2款是2022年《反垄断法》修正时新增的内容。

关于"限定交易"的认定，根据《关于平台经济领域的反垄断指南》第15条第1款的规定，具有市场支配地位的平台经济领域经营者，可能滥用市场支配地位，无正当理由对交易相对人进行限定交易，排除、限制市场竞争。分析是否构成限定交易行为，可以考虑以下因素：(1) 要求平台内经营者在竞争性平台间进行"二选一"，或者限定交易相对人与其进行独家交易的其他行为；(2) 限定交易相对人只能与其指定的经营者进行交易，或者通过其指定渠道等限定方式进行交易；(3) 限定交易相对人不得与特定经营者进行交易。

关于"搭售或者附加不合理交易条件"的认定，根据

《关于平台经济领域的反垄断指南》第16条第1款的规定，具有市场支配地位的平台经济领域经营者，可能滥用市场支配地位，无正当理由实施搭售或者附加不合理交易条件，排除、限制市场竞争。分析是否构成搭售或者附加不合理交易条件，可以考虑以下因素：（1）利用格式条款、弹窗、操作必经步骤等交易相对人无法选择、更改、拒绝的方式，将不同商品进行捆绑销售；（2）以搜索降权、流量限制、技术障碍等惩罚性措施，强制交易相对人接受其他商品；（3）对交易条件和方式、服务提供方式、付款方式和手段、售后保障等附加不合理限制；（4）在交易价格之外额外收取不合理费用；（5）强制收集非必要用户信息或者附加与交易标的无关的交易条件、交易流程、服务项目。

关于"差别待遇"的认定，根据《关于平台经济领域的反垄断指南》第17条第1款的规定，具有市场支配地位的平台经济领域经营者，可能滥用市场支配地位，无正当理由对交易条件相同的交易相对人实施差别待遇，排除、限制市场竞争。分析是否构成差别待遇，可以考虑以下因素：（1）基于大数据和算法，根据交易相对人的支付能力、消费偏好、使用习惯等，实行差异性交易价格或者其他交易条件；（2）实行差异性标准、规则、算法；（3）实行差异性付款条件和交易方式。

典型案例一

“供水公司”滥用市场支配地位纠纷案①

某县供水公司是自来水供水公用企业。吴某某向该公司申请用水，某县供水公司要求其填写《用水报装申请表》，该申请表对用水和水表安装一并进行约定，并同时要求签订供水协议、缴纳安装工程预缴款。吴某某缴纳了水表费、安装费共计2500元。后吴某某不同意签订《个人用户供水安装工程施工协议》，要求自行购买水表，退还施工服务费。某县供水公司未退款，亦未给吴某某提供供水服务。吴某某认为某县供水公司的行为构成捆绑交易等四项滥用市场支配地位的行为，遂诉至法院。广西壮族自治区南宁市中级人民法院经审理认为，某县供水公司在某县所辖地域范围内的城市公共供水服务领域具有市场支配地位。某县供水公司在该过程中并没有给予吴某某从别处购买供水设施材料和安装服务的选择权，据此认定某县供水公司系以在用户申请供水时需同时购买供水设施安装的方式实施了捆绑交易行为，该合同应认定为无效。广西壮族自治区南宁市中级人民法院判决某县供水公司返还吴某某安装费并支付利息，赔偿经济损失及合理开支。

① 参见最高人民法院：《人民法院反垄断和反不正当竞争典型案例》，https：//www. court. gov. cn/zixun-xiangqing-324491. html，最后访问时间：2022年8月2日。

本案涉及公用企业垄断行为的认定。各类公用企业如自来水、电、燃气供应企业在初装时捆绑收取初装费、设备费的情况时有发生。本案明确了公用企业市场支配地位以及滥用市场支配地位行为的认定标准，对同类案件具有借鉴意义。本案也为公用企业规范经营提供了清晰明确的行为指引，有助于公用企业在提供服务时避免滥用其市场支配地位，损害市场竞争。

典型案例二

无锡市某气瓶检验有限公司诉无锡某车用气有限公司拒绝交易纠纷上诉案①

无锡市某气瓶检验有限公司（以下简称气瓶公司）向一审法院提起诉讼，称气瓶公司系从事车用压缩天然气气瓶检验、安装的企业。某车用气有限公司（以下简称车用气公司）作为无锡某燃气有限公司（以下简称某燃气公司）下属子公司，系无锡地区唯一从事天然气汽车加气业务的企业。车用气公司利用其市场支配地位，排除市场竞争，拒绝为气瓶公司安装的天然气出租车办理 IC 加气卡，致使汽车无法正常加气，影响了气瓶公司的正常经营，损

① 参见最高人民法院：《2008-2018 年中国法院反垄断民事诉讼 10 大案件案情简介》，https：//www. court. gov. cn/zixun-xiangqing-130571. html，最后访问时间：2022 年 8 月 2 日。

害了气瓶公司的合法权益，请求法院依据《反垄断法》的相关规定，确认车用气公司实施了拒绝交易的垄断行为，并判令其履行交易义务及赔偿气瓶公司相应的经济损失。法院经审理认为，不能认定涉案被诉行为构成拒绝交易。合同中的迟延交易行为与《反垄断法》中的拒绝交易行为具有明确的法律界限，认定构成垄断行为必须严格把握法定要件。占市场支配地位的企业未能按照购买者的要求及时提供商品或者服务，并不一定构成拒绝交易；只有在该行为导致市场竞争受到排除或限制时，才构成《反垄断法》规制的拒绝交易行为。

☞ 相关法条

《关于平台经济领域的反垄断指南》第 15 条第 1 款、第 16 条第 1 款、第 17 条第 1 款

☆☆ 第二十三条　【认定经营者具有市场支配地位应当考虑的因素】 认定经营者具有市场支配地位，应当依据下列因素：

（一）该经营者在相关市场的市场份额，以及相关市场的竞争状况；

（二）该经营者控制销售市场或者原材料采购市场的能力；

（三）该经营者的财力和技术条件；

（四）其他经营者对该经营者在交易上的依赖程度；

（五）其他经营者进入相关市场的难易程度；

（六）与认定该经营者市场支配地位有关的其他因素。

注释

《禁止滥用市场支配地位行为暂行规定》第6条规定，根据《反垄断法》第18条第1项①，确定经营者在相关市场的市场份额，可以考虑一定时期内经营者的特定商品销售金额、销售数量或者其他指标在相关市场所占的比重。分析相关市场竞争状况，可以考虑相关市场的发展状况、现有竞争者的数量和市场份额、商品差异程度、创新和技术变化、销售和采购模式、潜在竞争者情况等因素。

典型案例

北京甲科技有限公司诉乙科技（深圳）有限公司、深圳市乙计算机系统有限公司滥用市场支配地位纠纷上诉案②

北京甲科技有限公司（以下简称甲公司）、丙软件（北

① 现为《反垄断法》（2022年修正）第23条第1项。

② 参见最高人民法院：《2008-2018年中国法院反垄断民事诉讼10大案件案情简介》，https://www.court.gov.cn/zixun-xiangqing-130571.html，最后访问时间：2022年8月2日。

京）有限公司于2010年10月29日发布一款保镖软件，对乙科技（深圳）有限公司和深圳市乙计算机系统有限公司（以下合称乙公司）的A软件及其服务的正常运行造成不良影响。2010年11月3日，乙公司发布《致广大A软件用户的一封信》，在装有B软件的电脑上停止运行A软件。11月4日，甲公司宣布召回其保镖软件。同日，B软件安全中心亦宣布，A软件和B软件已经实现了完全兼容。2010年9月，乙公司的即时通信软件与A软件管理一起打包安装，安装过程中并未提示用户将同时安装A软件管理。2010年9月21日，乙公司发出公告称，正在使用的A软件管理和A医生将自动升级为A电脑管家。甲公司诉至广东省高级人民法院，指控乙公司滥用其在即时通信软件及服务市场的支配地位，请求判令乙公司立即停止滥用市场支配地位的垄断行为，赔偿甲公司经济损失1.5亿元。广东省高级人民法院一审判决驳回甲公司的诉讼请求，但并未明确界定本案相关商品市场的具体范围。甲公司不服，提出上诉。最高人民法院二审判决驳回上诉、维持原判。最高人民法院认为，并非在任何滥用市场支配地位的案件中均必须明确而清楚地界定相关市场；即使不明确界定相关市场，也可以通过排除或者妨碍竞争的直接证据对被诉经营者的市场地位及被诉垄断行为可能造成的市场影响进行评估。作为界定相关市场的一种分析思路，假定垄断者测试（HMT）具有普遍的适用性，但是选择以何种方式进行假定垄断者测试，需要根据案件具体情况；在产品差异化非常明显且质量、服务、创新、消费者体验等非价格竞争成为重要竞争形式的领域，采用数量不大但有意义且并非短暂的价格上涨（SSNIP）的方法存在较大困难；此时可以采取该方法的变通形式，如基于质量下降的假定垄断者测试。市场份额只是判断市场支配地位的一项比较粗糙且可能具有误导性的指标，其在认定市场支配力方面的地位和作用必须根据案件具体情况确定。即使初步认定被诉经营者不具有市场支配地位，仍可以进一步分析被诉垄断行为对竞争的影响效果，以检验关于其是否具有市场支配地位的结论正确与否。

☞ **相关法条**

《禁止滥用市场支配地位行为暂行规定》第6条

★★ **第二十四条　【市场支配地位的推定】** 有下列情形之一的，可以推定经营者具有市场支配地位：

（一）一个经营者在相关市场的市场份额达到二分之一的；

（二）两个经营者在相关市场的市场份额合计达到三分之二的；

（三）三个经营者在相关市场的市场份额合计达

到四分之三的。

有前款第二项、第三项规定的情形，其中有的经营者市场份额不足十分之一的，不应当推定该经营者具有市场支配地位。

被推定具有市场支配地位的经营者，有证据证明不具有市场支配地位的，不应当认定其具有市场支配地位。

注释

关于“知识产权与市场支配地位的认定”，《关于知识产权领域的反垄断指南》第 14 条规定，经营者拥有知识产权，并不意味着其必然具有市场支配地位。认定拥有知识产权的经营者在相关市场上是否具有支配地位，应依据《反垄断法》第 18 条、第 19 条①规定的认定或者推定经营者具有市场支配地位的因素和情形进行分析，结合知识产权的特点，还可具体考虑以下因素：（1）交易相对人转向具有替代关系的技术或者商品等的可能性及转换成本；（2）下游市场对利用知识产权所提供的商品的依赖程度；（3）交易相对人对经营者的制衡能力。

☞ 相关法条

《关于知识产权领域的反垄断指南》第 14 条

① 现分别为《反垄断法》（2022 年修正）第 23 条、第 24 条。

▶▶小测试◀◀①

1. 具有市场支配地位的经营者可以以不公平的高价销售商品或者以不公平的低价购买商品。(　　)

2. 认定经营者具有市场支配地位，应当依据下列哪些因素？(　　)

A. 该经营者在相关市场的市场份额，以及相关市场的竞争状况

B. 该经营者控制销售市场或者原材料采购市场的能力以及该经营者的财力和技术条件

C. 其他经营者对该经营者在交易上的依赖程度以及进入相关市场的难易程度

D. 与认定该经营者市场支配地位有关的其他因素

3. 有下列情形之一的，可以推定经营者具有市场支配地位：(1) 一个经营者在相关市场的市场份额达到________的；(2) 两个经营者在相关市场的市场份额合计达到________的；(3) 三个经营者在相关市场的市场份额合计达到________的。

① 【答案】1. ×，解析：《反垄断法》第 22 条第 1 款。2. ABCD。3. 1/2；2/3；3/4。

第四章　经营者集中

☆☆☆ **第二十五条　【经营者集中界定】** 经营者集中是指下列情形：

（一）经营者合并；

（二）经营者通过取得股权或者资产的方式取得对其他经营者的控制权；

（三）经营者通过合同等方式取得对其他经营者的控制权或者能够对其他经营者施加决定性影响。

注释

《经营者集中审查暂行规定》第 4 条规定，判断经营者是否通过交易取得对其他经营者的控制权或者能够对其他经营者施加决定性影响，应当考虑下列因素：（1）交易的目的和未来的计划；（2）交易前后其他经营者的股权结构及其变化；（3）其他经营者股东大会的表决事项及其表决机制，以及其历史出席率和表决情况；（4）其他经营者董事会或者监事会的组成及其表决机制；（5）其他经营者高级管理人员的任免等；（6）其他经营者股东、董事之间的关系，是否存在委托行使投票权、一致行动人等；（7）该经营者与其他经营者是否存在重大商业关系、合作协议等；（8）其他应当考虑的因素。

☞ **相关法条**

《经营者集中审查暂行规定》第4条

☆ **第二十六条　【经营者集中申报】**经营者集中达到国务院规定的申报标准的，经营者应当事先向国务院反垄断执法机构申报，未申报的不得实施集中。

经营者集中未达到国务院规定的申报标准，但有证据证明该经营者集中具有或者可能具有排除、限制竞争效果的，国务院反垄断执法机构可以要求经营者申报。

经营者未依照前两款规定进行申报的，国务院反垄断执法机构应当依法进行调查。

注释

《国务院关于经营者集中申报标准的规定》第3条规定，经营者集中达到下列标准之一的，经营者应当事先向国务院反垄断执法机构申报，未申报的不得实施集中：(1) 参与集中的所有经营者上一会计年度在全球范围内的营业额合计超过100亿元人民币，并且其中至少两个经营者上一会计年度在中国境内的营业额均超过4亿元人民币；(2) 参与集中的所有经营者上一会计年度在中国境内的营业额合计超过20亿元人民币，并且其中至少两个经营者上一会计年度在中国境内的营业额均超过4亿元人民币。

营业额的计算，应当考虑银行、保险、证券、期货等特殊行业、领域的实际情况，具体办法由国务院反垄断执法机构会同国务院有关部门制定。

此外，当申报义务不明确时，经营者可以事前咨询反垄断执法机构。《经营者集中审查暂行规定》第10条规定，市场监管总局加强对经营者集中申报的指导。在正式申报前，经营者可以以书面方式就集中申报事宜向市场监管总局提出商谈的具体问题。

☞ 相关法条

《国务院关于经营者集中申报标准的规定》第3条

《经营者集中审查暂行规定》第10条

★★★ **第二十七条　【豁免申报】**经营者集中有下列情形之一的，可以不向国务院反垄断执法机构申报：

（一）参与集中的一个经营者拥有其他每个经营者百分之五十以上有表决权的股份或者资产的；

（二）参与集中的每个经营者百分之五十以上有表决权的股份或者资产被同一个未参与集中的经营者拥有的。

第二十八条　【申报文件】经营者向国务院反垄断执法机构申报集中，应当提交下列文件、资料：

（一）申报书；

（二）集中对相关市场竞争状况影响的说明；

（三）集中协议；

（四）参与集中的经营者经会计师事务所审计的上一会计年度财务会计报告；

（五）国务院反垄断执法机构规定的其他文件、资料。

申报书应当载明参与集中的经营者的名称、住所、经营范围、预定实施集中的日期和国务院反垄断执法机构规定的其他事项。

★ **第二十九条　【申报文件补交】**经营者提交的文件、资料不完备的，应当在国务院反垄断执法机构规定的期限内补交文件、资料。经营者逾期未补交文件、资料的，视为未申报。

注释

本条是关于申报文件补交的规定。经营者逾期未补交材料，将会产生未申报的法律后果，从而构成违法实施经营者集中。按照本法第58条的规定，违法实施经营者集中的经营者会被反垄断执法机构施以处罚。

☆☆☆ **第三十条　【初步审查】**国务院反垄断执法机构

应当自收到经营者提交的符合本法第二十八条规定的文件、资料之日起三十日内，对申报的经营者集中进行初步审查，作出是否实施进一步审查的决定，并书面通知经营者。国务院反垄断执法机构作出决定前，经营者不得实施集中。

国务院反垄断执法机构作出不实施进一步审查的决定或者逾期未作出决定的，经营者可以实施集中。

注释

经营者集中的审查分为两个阶段：一是初步审查阶段。该阶段的法定审查期限是30日，且不能延长，起算时点为“自收到经营者提交的符合本法第二十八条规定的文件、资料之日起”。二是进一步审查阶段。当反垄断执法机构经过初审认为该集中有可能影响竞争或者对竞争造成威胁时，就需要进行进一步审查，且应当书面通知申报集中的经营者。

★ **第三十一条　【进一步审查】** 国务院反垄断执法机构决定实施进一步审查的，应当自决定之日起九十日内审查完毕，作出是否禁止经营者集中的决定，并书面通知经营者。作出禁止经营者集中的决定，应当说明理由。审查期间，经营者不得实施集中。

有下列情形之一的，国务院反垄断执法机构经书面通知经营者，可以延长前款规定的审查期限，但最长不得超过六十日：

（一）经营者同意延长审查期限的；

（二）经营者提交的文件、资料不准确，需要进一步核实的；

（三）经营者申报后有关情况发生重大变化的。

国务院反垄断执法机构逾期未作出决定的，经营者可以实施集中。

☆☆ **第三十二条 【审查期限中止】** 有下列情形之一的，国务院反垄断执法机构可以决定中止计算经营者集中的审查期限，并书面通知经营者：

（一）经营者未按照规定提交文件、资料，导致审查工作无法进行；

（二）出现对经营者集中审查具有重大影响的新情况、新事实，不经核实将导致审查工作无法进行；

（三）需要对经营者集中附加的限制性条件进一步评估，且经营者提出中止请求。

自中止计算审查期限的情形消除之日起，审查期限继续计算，国务院反垄断执法机构应当书面通知经营者。

注释

本条是2022年《反垄断法》修正时新增的内容，是关于经营者集中的审查期限中止的规定，主要用于解决审查期限不足的问题。

本条涉及国务院反垄断执法机构的两项通知义务：一是触发中止状态时的书面通知义务，即“国务院反垄断执法机构可以决定中止计算经营者集中的审查期限，并书面通知经营者”；二是结束中止状态、开始计算审查期限时的书面通知义务，即“自中止计算审查期限的情形消除之日起，审查期限继续计算，国务院反垄断执法机构应当书面通知经营者”。

★★ **第三十三条　【审查考虑因素】** 审查经营者集中，应当考虑下列因素：

（一）参与集中的经营者在相关市场的市场份额及其对市场的控制力；

（二）相关市场的市场集中度；

（三）经营者集中对市场进入、技术进步的影响；

（四）经营者集中对消费者和其他有关经营者的影响；

（五）经营者集中对国民经济发展的影响；

（六）国务院反垄断执法机构认为应当考虑的影响市场竞争的其他因素。

★★ **第三十四条　【审查决定】** 经营者集中具有或者可能具有排除、限制竞争效果的，国务院反垄断执法机构应当作出禁止经营者集中的决定。但是，经营者能够证明该集中对竞争产生的有利影响明显大于不利影响，或者符合社会公共利益的，国务院反垄断执法机构可以作出对经营者集中不予禁止的决定。

第三十五条　【附加限制性条件】 对不予禁止的经营者集中，国务院反垄断执法机构可以决定附加减少集中对竞争产生不利影响的限制性条件。

第三十六条　【审查决定公布】 国务院反垄断执法机构应当将禁止经营者集中的决定或者对经营者集中附加限制性条件的决定，及时向社会公布。

☆★ **第三十七条　【审查工作要求】** 国务院反垄断执法机构应当健全经营者集中分类分级审查制度，依法加强对涉及国计民生等重要领域的经营者集中的审查，提高审查质量和效率。

注释

本条是2022年《反垄断法》修正时新增的内容，是关于经营者集中分类分级审查制度的规定。由于《反垄断法》适用于所有行业，在经营者集中审查中，设置分类分级审查制度，有利于提升审查的质量和效率。

★ **第三十八条　【国家安全审查】**对外资并购境内企业或者以其他方式参与经营者集中，涉及国家安全的，除依照本法规定进行经营者集中审查外，还应当按照国家有关规定进行国家安全审查。

小测试①

1. 经营者合并属于经营者集中的法定情形之一。(　　)
2. 经营者集中达到国务院规定的申报标准的，经营者可以事先向国务院反垄断执法机构申报，也可以不申报就实施集中。(　　)
3. 经营者集中有下列哪些情形之一的，可以不向国务院反垄断执法机构申报？(　　)

   A. 参与集中的一个经营者拥有其他每个经营者百分之四十以上有表决权的股份或者资产的

   B. 参与集中的一个经营者拥有其他每个经营者百分之五十以上有表决权的股份或者资产的

   C. 参与集中的每个经营者百分之四十以上有表决权的股份或者资产被同一个未参与集中的经营者拥有的

第四章　经营者集中

① 【答案】1. √。2. ×，解析：《反垄断法》第 26 条第 1 款。3. BD。4. ABCD。5. ABC。6. ABCD。7. 未申报。8. 30 日；书面通知；可以。9. 90 日；书面通知。10. 禁止；明显大于；社会公共利益。11. 减少集中。12. 分类分级审查。13. 国家安全审查。

D. 参与集中的每个经营者百分之五十以上有表决权的股份或者资产被同一个未参与集中的经营者拥有的

4. 经营者向国务院反垄断执法机构申报集中，应当提交下列哪些文件、资料？（　　）

A. 申报书

B. 集中对相关市场竞争状况影响的说明

C. 集中协议

D. 参与集中的经营者经会计师事务所审计的上一会计年度财务会计报告

5. 有下列哪些情形之一的，国务院反垄断执法机构可以决定中止计算经营者集中的审查期限，并书面通知经营者？（　　）

A. 经营者未按照规定提交文件、资料，导致审查工作无法进行

B. 出现对经营者集中审查具有重大影响的新情况、新事实，不经核实将导致审查工作无法进行

C. 需要对经营者集中附加的限制性条件进一步评估，且经营者提出中止请求

D. 出现对经营者集中审查具有一般影响的新情况、新事实

6. 审查经营者集中，应当考虑下列哪些因素？（　　）

A. 参与集中的经营者在相关市场的市场份额及其对市场的控制力

B. 相关市场的市场集中度

C. 经营者集中对市场进入、技术进步的影响

D. 经营者集中对消费者和其他有关经营者的影响

7. 经营者提交的文件、资料不完备的，应当在国务院反垄断执法机构规定的期限内补交文件、资料。经营者逾期未补交文件、资料的，视为______。

8. 国务院反垄断执法机构应当自收到经营者提交的符合《反垄断法》第28条规定的文件、资料之日起______内，对申报的经营者集中进行初步审查，作出是否实施进一步审查的决定，并______经营者。国务院反垄断执法机构作出决定前，经营者不得实施集中。国务院反垄断执法机构作出不实施进一步审查的决定或者逾期未作出决定的，经营者______实施集中。

9. 国务院反垄断执法机构决定实施进一步审查的，应当自决定之日起______内审查完毕，作出是否禁止经营者集中的决定，并______经营者。作出禁止经营者集中的决定，应当说明理由。审查期间，经营者不得实施集中。

10. 经营者集中具有或者可能具有排除、限制竞争效果的，国务院反垄断执法机构应当作出______经营者集中的决定。但是，经营者能够证明该集中对竞争产生的有利影响______不利影响，或者符合______的，国务院反垄断执法机构可以作出对经营者集中不予禁止的决定。

11. 对不予禁止的经营者集中，国务院反垄断执法机构可以

决定附加________对竞争产生不利影响的限制性条件。

12. 国务院反垄断执法机构应当健全经营者集中________制度，依法加强对涉及国计民生等重要领域的经营者集中的审查，提高审查质量和效率。

13. 对外资并购境内企业或者以其他方式参与经营者集中，涉及国家安全的，除依照本法规定进行经营者集中审查外，还应当按照国家有关规定进行________。

第五章　滥用行政权力排除、限制竞争

★★ **第三十九条　【禁止指定交易】** 行政机关和法律、法规授权的具有管理公共事务职能的组织不得滥用行政权力，限定或者变相限定单位或者个人经营、购买、使用其指定的经营者提供的商品。

第四十条　【禁止违规签订合作协议、备忘录】 行政机关和法律、法规授权的具有管理公共事务职能的组织不得滥用行政权力，通过与经营者签订合作协议、备忘录等方式，妨碍其他经营者进入相关市场或者对其他经营者实行不平等待遇，排除、限制竞争。

★ **第四十一条　【禁止妨碍商品自由流通】** 行政机关和法律、法规授权的具有管理公共事务职能的组织不得滥用行政权力，实施下列行为，妨碍商品在地区之间的自由流通：

（一）对外地商品设定歧视性收费项目、实行歧视性收费标准，或者规定歧视性价格；

（二）对外地商品规定与本地同类商品不同的技术要求、检验标准，或者对外地商品采取重复检验、重复认证等歧视性技术措施，限制外地商品进入本地市场；

（三）采取专门针对外地商品的行政许可，限制外地商品进入本地市场；

（四）设置关卡或者采取其他手段，阻碍外地商品进入或者本地商品运出；

（五）妨碍商品在地区之间自由流通的其他行为。

★★ **第四十二条　【禁止限制招投标等活动】** 行政机关和法律、法规授权的具有管理公共事务职能的组织不得滥用行政权力，以设定歧视性资质要求、评审标准或者不依法发布信息等方式，排斥或者限制经营者参加招标投标以及其他经营活动。

注释

本条在2022年《反垄断法》修正时修改了部分表述，将“排斥或者限制外地经营者参加本地的招标投标活动”修改为“排斥或者限制经营者参加招标投标以及其他经营活动”，取消了本地、外地的区分，同时增加了“其他经营活动”的规定，使法律规定更加完善。

我国《招标投标法》对排斥和限制经营者招标投标的行为也作了详尽的规定。例如，《招标投标法》第6条规定，依法必须进行招标的项目，其招标投标活动不受地区或者部门的限制。任何单位和个人不得违法限制或者排斥本地区、本系统以外的法人或者其他组织参加投标，不得以任何方式非法干涉招标投标活动。

☞ **相关法条**

《招标投标法》第 6 条、第 18 条、第 20 条

★★ **第四十三条　【禁止不当限制分支机构】**行政机关和法律、法规授权的具有管理公共事务职能的组织不得滥用行政权力，采取与本地经营者不平等待遇等方式，排斥、限制、强制或者变相强制外地经营者在本地投资或者设立分支机构。

注释

本条在 2022 年《反垄断法》修正时新增了“强制或者变相强制”的表述，即行政主体不得强制或者变相强制外地经营者在本地投资或者设立分支机构。

☞ **相关法条**

《公平竞争审查制度实施细则》第 13 条

第四十四条　【禁止强制经营者从事垄断行为】行政机关和法律、法规授权的具有管理公共事务职能的组织不得滥用行政权力，强制或者变相强制经营者

从事本法规定的垄断行为。

★ **第四十五条 【禁止以抽象行政行为排除、限制竞争】** 行政机关和法律、法规授权的具有管理公共事务职能的组织不得滥用行政权力，制定含有排除、限制竞争内容的规定。

注释

2022年《反垄断法》修正时，将“法律、法规授权的具有管理公共事务职能的组织”也纳入本条的规制对象，使法律规定更加完善。

▶▶小测试◀◀①

1. 行政机关和法律、法规授权的具有管理公共事务职能的组织不得滥用行政权力，限定或者变相限定单位或者个人经营、购买、使用其指定的经营者提供的商品。(　　)
2. 行政机关和法律、法规授权的具有管理公共事务职能的组织可以强制或者变相强制经营者从事本法规定的垄断行为。(　　)

① 【答案】1. √。2. ×，解析：《反垄断法》第44条。3. ×，解析：《反垄断法》第45条。4. ABCD。5. ABCD。6. 合作协议；备忘录。7. 歧视性；招标投标；其他经营活动。

3. 行政机关和法律、法规授权的具有管理公共事务职能的组织可以制定含有排除、限制竞争内容的规定。(　　)

4. 行政机关和法律、法规授权的具有管理公共事务职能的组织不得滥用行政权力，实施下列哪些行为，妨碍商品在地区之间的自由流通？(　　)

A. 对外地商品设定歧视性收费项目、实行歧视性收费标准，或者规定歧视性价格

B. 对外地商品规定与本地同类商品不同的技术要求、检验标准，或者对外地商品采取重复检验、重复认证等歧视性技术措施，限制外地商品进入本地市场

C. 采取专门针对外地商品的行政许可，限制外地商品进入本地市场

D. 设置关卡或者采取其他手段，阻碍外地商品进入或者本地商品运出

5. 行政机关和法律、法规授权的具有管理公共事务职能的组织不得滥用行政权力，采取与本地经营者不平等待遇等方式，(　　) 外地经营者在本地投资或者设立分支机构。

A. 排斥　　　B. 限制

C. 强制　　　D. 变相强制

6. 行政机关和法律、法规授权的具有管理公共事务职能的组织不得滥用行政权力，通过与经营者签订____、____等方式，妨碍其他经营者进入相关市场或者对其他经营者实

行不平等待遇，排除、限制竞争。

7. 行政机关和法律、法规授权的具有管理公共事务职能的组织不得滥用行政权力，以设定____资质要求、评审标准或者不依法发布信息等方式，排斥或者限制经营者参加____以及______。

第六章　对涉嫌垄断行为的调查

☆☆ 第四十六条　【涉嫌垄断行为的举报和调查】 反垄断执法机构依法对涉嫌垄断行为进行调查。

对涉嫌垄断行为，任何单位和个人有权向反垄断执法机构举报。反垄断执法机构应当为举报人保密。

举报采用书面形式并提供相关事实和证据的，反垄断执法机构应当进行必要的调查。

注释

本条规定的“采用书面形式”举报，应当包含以下内容：(1) 举报人的基本情况。举报人为个人的，应当提供姓名、住址、联系方式等；举报人为经营者的，应当提供名称、地址、联系方式、主要从事的行业、生产的产品或提供的服务等。(2) 被举报人的基本情况。包括经营者名称、地址、联系方式、主要从事的行业、生产的产品或者提供的服务等。(3) 涉嫌垄断的相关事实。包括被举报人违反法律、法规和规章实施垄断行为的事实以及有关行为的时间、地点等。(4) 相关证据。包括书证、物证、证人证言、视听资料、计算机数据、鉴定意见等，有关证据应当有证据提供者的签名并标注获得证据的来源。(5) 是否就同一事实已向其他行政机关举报或者向人民法院提起诉讼。反垄断执法机构根据工作需要，可以要求举报人补充举报材料。①

需要注意的是，在因垄断行为引发的民事纠纷案件中，举报垄断行为能够产生诉讼时效中断的法律效果。《垄断民事纠纷规定》第16条第2款规定，原告向反垄断执法机构举报被诉垄断行为的，诉讼时效从其举报之日起中断。反垄断执法机构决定不立案、撤销案件或者决定终止调查的，诉讼时效期间从原告知道或者应当知道不立案、撤销案件或者终止调查之日起重新计算。反垄断执法机构调查后认定构成垄断行为的，诉讼时效期间从原告知道或者应当知道反垄断执法机构认定构成垄断行为的处理决定发生法律效力之日起重新计算。

☞ 相关法条

《禁止垄断协议暂行规定》第16条

《经营者集中审查暂行规定》第49条

《垄断民事纠纷规定》第16条第2款

★ **第四十七条　【调查措施】** 反垄断执法机构调查

① 参见国务院反垄断委员会编：《〈中华人民共和国反垄断法〉知识读本》，人民出版社2012年版，第311页。

涉嫌垄断行为，可以采取下列措施：

（一）进入被调查的经营者的营业场所或者其他有关场所进行检查；

（二）询问被调查的经营者、利害关系人或者其他有关单位或者个人，要求其说明有关情况；

（三）查阅、复制被调查的经营者、利害关系人或者其他有关单位或者个人的有关单证、协议、会计账簿、业务函电、电子数据等文件、资料；

（四）查封、扣押相关证据；

（五）查询经营者的银行账户。

采取前款规定的措施，应当向反垄断执法机构主要负责人书面报告，并经批准。

第四十八条　【调查程序】反垄断执法机构调查涉嫌垄断行为，执法人员不得少于二人，并应当出示执法证件。

执法人员进行询问和调查，应当制作笔录，并由被询问人或者被调查人签字。

☆☆☆ **第四十九条　【保密义务】**反垄断执法机构及其工作人员对执法过程中知悉的商业秘密、个人隐私和个人信息依法负有保密义务。

注释

本条内容在2022年《反垄断法》修正时有调整，即在执法过程中，反垄断执法机构及其工作人员除了应对其知悉的商业秘密保密外，还应对其知悉的“个人隐私和个人信息”予以保密。此处调整与《民法典》第1039条“国家机关、承担行政职能的法定机构及其工作人员对于履行职责过程中知悉的自然人的隐私和个人信息，应当予以保密，不得泄露或者向他人非法提供”的规定相呼应。

根据《反不正当竞争法》第9条第4款的规定，“商业秘密”是指不为公众所知悉、具有商业价值并经权利人采取相应保密措施的技术信息、经营信息等商业信息。

根据《民法典》第1032条第2款的规定，“隐私”是自然人的私人生活安宁和不愿为他人知晓的私密空间、私密活动、私密信息。

根据《个人信息保护法》第4条第1款的规定，“个人信息”是以电子或者其他方式记录的与已识别或者可识别的自然人有关的各种信息，不包括匿名化处理后的信息。

☞ 相关法条

《反不正当竞争法》第9条第4款

《个人信息保护法》第4条第1款

《民法典》第1032条第2款、第1039条

第五十条　【被调查对象的配合调查义务】被调查的经营者、利害关系人或者其他有关单位或者个人应当配合反垄断执法机构依法履行职责，不得拒绝、阻碍反垄断执法机构的调查。

第五十一条　【被调查对象陈述意见的权利】被调查的经营者、利害关系人有权陈述意见。反垄断执法机构应当对被调查的经营者、利害关系人提出的事实、理由和证据进行核实。

★ **第五十二条　【对垄断行为的处理和公布】**反垄断执法机构对涉嫌垄断行为调查核实后，认为构成垄断行为的，应当依法作出处理决定，并可以向社会公布。

注释

本条在适用时需要注意的是，反垄断执法机构“可以”向社会公布其依法作出的处理决定，而不是“应当”公布。

★★ **第五十三条　【承诺制度】**对反垄断执法机构调查的涉嫌垄断行为，被调查的经营者承诺在反垄断执法机构认可的期限内采取具体措施消除该行为后果的，反垄断执法机构可以决定中止调查。中止调查的决定应当载明被调查的经营者承诺的具体内容。

反垄断执法机构决定中止调查的，应当对经营者履行承诺的情况进行监督。经营者履行承诺的，反垄断执法机构可以决定终止调查。

有下列情形之一的，反垄断执法机构应当恢复调查：

（一）经营者未履行承诺的；

（二）作出中止调查决定所依据的事实发生重大变化的；

（三）中止调查的决定是基于经营者提供的不完整或者不真实的信息作出的。

注释

关于经营者承诺制度的适用范围，《垄断案件经营者承诺指南》第2条规定，对于具有竞争关系的经营者之间固定或者变更商品价格、限制商品生产或者销售数量、分割销售市场或者原材料采购市场的横向垄断协议案件，执法机构不应接受经营者提出承诺，实施中止调查。对于其他垄断案件，经营者主动提出承诺，执法机构可以决定中止调查及终止调查程序。

关于中止调查及终止调查决定的法律后果，《垄断案件经营者承诺指南》第3条规定，执法机构的中止调查及终止调查决定，不是对经营者的行为是否构成垄断行为作出认定。执法机构仍然可以依法对其他类似行为实施调查并作出行政处罚。中止调查及终止调查决定也不应作为认定该行为是否构成垄断行为的相关证据。

☞ **相关法条**

《垄断案件经营者承诺指南》第2条、第3条

第五十四条　【对涉嫌滥用行政权力排除、限制竞争行为的调查】 反垄断执法机构依法对涉嫌滥用行政权力排除、限制竞争的行为进行调查，有关单位或者个人应当配合。

☆☆ **第五十五条　【约谈制度】** 经营者、行政机关和法律、法规授权的具有管理公共事务职能的组织，涉嫌违反本法规定的，反垄断执法机构可以对其法定代表人或者负责人进行约谈，要求其提出改进措施。

注释

本条是2022年《反垄断法》修正时新增的内容，是关于反垄断执法机构对涉嫌违反本法规定的主体进行约谈的规定。约谈机制可以实现反垄断执法机构与被约谈方的磋商和沟通，帮助反垄断执法机构获取充足的监管信息，并将垄断行为可能涉及的法律责任等规制信息传递给被约谈对象，在一定程度上促使其采取改进措施，主动合规。

▶▶小测试◀◀[1]

1. 对涉嫌垄断行为，任何单位和个人有权向反垄断执法机构举报。反垄断执法机构应当为举报人保密。(　　)

2. 反垄断执法机构及其工作人员对执法过程中知悉的商业秘密、个人隐私和个人信息无须保密。(　　)

3. 被调查的经营者、利害关系人或者其他有关单位或者个人应当配合反垄断执法机构依法履行职责，不得拒绝、阻碍反垄断执法机构的调查。(　　)

4. 反垄断执法机构依法对涉嫌滥用行政权力排除、限制竞争的行为进行调查，有关单位或者个人应当配合。(　　)

5. 反垄断执法机构调查涉嫌垄断行为，执法人员不得少于(　　)人，并应当出示执法证件。

A. 1　　B. 2　　C. 3　　D. 4

6. 反垄断执法机构调查涉嫌垄断行为，可以采取下列哪些措施？(　　)

A. 进入被调查的经营者的营业场所或者其他有关场所进行检查

B. 询问被调查的经营者、利害关系人或者其他有关单位或者个人，要求其说明有关情况

C. 查封、扣押相关证据

---

① 【答案】1. √。2. ×，解析：《反垄断法》第49条。3. √。4. √。5. B。6. ABCD。7. ABCD。8. 可以。9. 约谈。

D. 查询经营者的银行账户

7. 对反垄断执法机构调查的涉嫌垄断行为，被调查的经营者承诺在反垄断执法机构认可的期限内采取具体措施消除该行为后果的，反垄断执法机构可以决定中止调查。有下列哪些情形之一的，反垄断执法机构应当恢复调查？（　　）

A. 经营者未履行承诺的

B. 作出中止调查决定所依据的事实发生重大变化的

C. 中止调查的决定是基于经营者提供的不完整的信息作出的

D. 中止调查的决定是基于经营者提供的不真实的信息作出的

8. 反垄断执法机构对涉嫌垄断行为调查核实后，认为构成垄断行为的，应当依法作出处理决定，并____向社会公布。

9. 经营者、行政机关和法律、法规授权的具有管理公共事务职能的组织，涉嫌违反《反垄断法》规定的，反垄断执法机构可以对其法定代表人或者负责人进行____，要求其提出改进措施。

第七章　法律责任

☆☆ **第五十六条　【达成、实施垄断协议的法律责任】** 经营者违反本法规定，达成并实施垄断协议的，由反垄断执法机构责令停止违法行为，没收违法所得，并处上一年度销售额百分之一以上百分之十以下的罚款，上一年度没有销售额的，处五百万元以下的罚款；尚未实施所达成的垄断协议的，可以处三百万元以下的罚款。经营者的法定代表人、主要负责人和直接责任人员对达成垄断协议负有个人责任的，可以处一百万元以下的罚款。

经营者组织其他经营者达成垄断协议或者为其他经营者达成垄断协议提供实质性帮助的，适用前款规定。

经营者主动向反垄断执法机构报告达成垄断协议的有关情况并提供重要证据的，反垄断执法机构可以酌情减轻或者免除对该经营者的处罚。

行业协会违反本法规定，组织本行业的经营者达成垄断协议的，由反垄断执法机构责令改正，可以处三百万元以下的罚款；情节严重的，社会团体登记管理机关可以依法撤销登记。

注释

本条在2022年《反垄断法》修正时有所调整，主要有以下四点变化：

一是加重了尚未实施所达成的垄断协议的经营者的罚款责任，将罚款金额的上限由50万元调整为300万元；

二是引入了个人主体的法律责任，即经营者的法定代表人、主要负责人和直接责任人员对达成垄断协议负有个人责任的，可以处100万元以下的罚款；

三是对经营者组织、帮助达成垄断协议的情形新增了反垄断罚款责任，即经营者组织其他经营者达成垄断协议或者为其他经营者达成垄断协议提供实质性帮助的，适用本条第1款的罚款责任；

四是加重了行业协会组织达成垄断协议的罚款责任，将罚款金额的上限由50万元调整为300万元。

★★ **第五十七条　【滥用市场支配地位的法律责任】** 经营者违反本法规定，滥用市场支配地位的，由反垄断执法机构责令停止违法行为，没收违法所得，并处上一年度销售额百分之一以上百分之十以下的罚款。

★ **第五十八条　【经营者违法实施集中的法律责任】** 经营者违反本法规定实施集中，且具有或者可能具有排除、限制竞争效果的，由国务院反垄断执法机构责令停止实施集中、限期处分股份或者资产、限期转让营业以及采取其他必要措施恢复到集中前的状态，处上一年度销售额百分之十以下的罚款；不具有排除、限制竞争效果的，处五百万元以下的罚款。

注释

本条在2022年《反垄断法》修正时有所调整，主要有以下两点变化：

一是区分经营者违法实施集中的不同情形，即“具有或者可能具有排除、限制竞争效果”和“不具有排除、限制竞争效果”两种情形。

二是在罚款制裁上，增加了销售额比例计罚方式，即对“具有或者可能具有排除、限制竞争效果的”违法集中“处上一年度销售额百分之十以下的罚款”，对“不具有排除、限制竞争效果的”违法集中“处五百万元以下的罚款”。

★★ **第五十九条　【确定罚款数额时考虑的因素】**对本法第五十六条、第五十七条、第五十八条规定的罚款，反垄断执法机构确定具体罚款数额时，应当考虑违法行为的性质、程度、持续时间和消除违法行为后果的情况等因素。

注释

本条在2022年《反垄断法》修正时有所调整，将“消除违法行为后果的情况”纳入确定反垄断罚款数额的考虑因素。经营者若能在反垄断执法调查的过程中主动整改，及时消除违法行为所产生的后果，反垄断执法机构本着过罚相当的原则，会依据该项因素适当调整罚款金额。

☆ **第六十条　【民事责任和民事公益诉讼】**经营者实施垄断行为，给他人造成损失的，依法承担民事责任。

经营者实施垄断行为，损害社会公共利益的，设区的市级以上人民检察院可以依法向人民法院提起民事公益诉讼。

注释

本条第2款是2022年《反垄断法》修正时新增的内容，是关于检察机关提起反垄断民事公益诉讼的规定。根据本条第2款的规定，只有设区的市级以上人民检察院才能提起反垄断民事公益诉讼。关于检察机关提起民事公益诉讼的程序，可以适用《民事诉讼法》和《检察公益诉讼解释》的相关规定。

☞ **相关法条**

《民事诉讼法》第58条

《垄断民事纠纷规定》

《检察公益诉讼解释》

第六十一条　【滥用行政权力排除、限制竞争的法律责任】行政机关和法律、法规授权的具有管理公共事务职能的组织滥用行政权力，实施排除、限制竞争行为的，由上级机关责令改正；对直接负责的主管人员和其他直接责任人员依法给予处分。反垄断执法机构可以向有关上级机关提出依法处理的建议。行政机关和法律、法规授权的具有管理公共事务职能的组织应当将有关改正情况书面报告上级机关和反垄断执法机构。

法律、行政法规对行政机关和法律、法规授权的具有管理公共事务职能的组织滥用行政权力实施排除、限制竞争行为的处理另有规定的，依照其规定。

★ **第六十二条　【拒绝、阻碍审查和调查的法律责任】**对反垄断执法机构依法实施的审查和调查，拒绝提供有关材料、信息，或者提供虚假材料、信息，或者隐匿、销毁、转移证据，或者有其他拒绝、阻碍调查行为的，由反垄断执法机构责令改正，对单位处上一年度销售额百分之一以下的罚款，上一年度没有销售额或者销售额难以计算的，处五百万元以下的罚款；对个人处五十万元以下的罚款。

注释

本条在2022年《反垄断法》修正时有所调整，提高了对于妨碍反垄断调查的单位和个人的罚款金额，将“对个人可以处二万元以下的罚款，对单位可以处二十万元以下的罚款；情节严重的，对个人处二万元以上十万元以下的罚款，对单位处二十万元以上一百万元以下的罚款；构成犯罪的，依法追究刑事责任”调整为“对单位处上一年度销售额百分之一以下的罚款，上一年度没有销售额或者销售额难以计算的，处五百万元以下的罚款；对个人处五十万元以下的罚款”。

★★ **第六十三条　【对特别严重违法行为的处罚】**违反本法规定，情节特别严重、影响特别恶劣、造成特别严重后果的，国务院反垄断执法机构可以在本法第五十六条、第五十七条、第五十八条、第六十二条规定的罚款数额的二倍以上五倍以下确定具体罚款数额。

注释

本条是2022年《反垄断法》修正时新增的内容，本条在原来设定的罚款限额的基础上，规定对情节特别严重、影响特别恶劣、造成特别严重后果的垄断行为，可以在原来设定的罚款数额的2倍以上5倍以下确定具体罚款数额，增强了对垄断行为的威慑力。

★★ **第六十四条 【信用惩戒】** 经营者因违反本法规定受到行政处罚的，按照国家有关规定记入信用记录，并向社会公示。

注释

本条是2022年《反垄断法》修正时新增的内容。由于企业的信用状况影响着企业的方方面面，尤其会对其经济活动产生重要影响，因此，本条规定实际上增加了经营者违法实施垄断行为的法律成本。

第六十五条 【对行政处罚决定不服的救济途径】 对反垄断执法机构依据本法第三十四条、第三十五条作出的决定不服的，可以先依法申请行政复议；对行政复议决定不服的，可以依法提起行政诉讼。

对反垄断执法机构作出的前款规定以外的决定不服的，可以依法申请行政复议或者提起行政诉讼。

第六十六条　【执法机构工作人员违法行为的法律责任】反垄断执法机构工作人员滥用职权、玩忽职守、徇私舞弊或者泄露执法过程中知悉的商业秘密、个人隐私和个人信息的，依法给予处分。

★★ **第六十七条　【刑事责任】**违反本法规定，构成犯罪的，依法追究刑事责任。

注释

本条是2022年《反垄断法》修正时新增的内容，是关于垄断行为的刑事责任的一般规定。至于何种垄断行为会构成刑事犯罪以及需要承担何种刑事责任，仍有待《刑法》进一步明确。

▶▶小测试◀◀①

1. 经营者主动向反垄断执法机构报告达成垄断协议的有关情况并提供重要证据的，反垄断执法机构应当免除对该经营者的处罚。(　　)
2. 经营者违反《反垄断法》规定，滥用市场支配地位的，由

① 【答案】1. ×，解析：《反垄断法》第56条第3款。2. D。3. C。4. ABCD。5. 上一年度销售额；500。6. 处分；书面报告。7. 1%；500；50。8. 2；5。9. 商业秘密；个人隐私；个人信息。

反垄断执法机构责令停止违法行为，没收违法所得，并处上一年度销售额（　　）的罚款。

A. 1%以上3%以下　　　　B. 1%以上5%以下

C. 1%以上7%以下　　　　D. 1%以上10%以下

3. 经营者实施垄断行为，损害社会公共利益的，（　　）以上人民检察院可以依法向人民法院提起民事公益诉讼。

A. 县级　　　　B. 市级

C. 设区的市级　　　　D. 高级

4. 对《反垄断法》第56条、第57条、第58条规定的罚款，反垄断执法机构确定具体罚款数额时，应当考虑（　　）等因素。

A. 违法行为的性质

B. 违法行为的程度

C. 违法行为的持续时间

D. 消除违法行为后果的情况

5. 经营者违反《反垄断法》规定实施集中，且具有或者可能具有排除、限制竞争效果的，由国务院反垄断执法机构责令停止实施集中、限期处分股份或者资产、限期转让营业以及采取其他必要措施恢复到集中前的状态，处________10%以下的罚款；不具有排除、限制竞争效果的，处________万元以下的罚款。

6. 行政机关和法律、法规授权的具有管理公共事务职能的组织滥用行政权力，实施排除、限制竞争行为的，由上级机关责令改正；对直接负责的主管人员和其他直接责任人员依法给予______。反垄断执法机构可以向有关上级机关提出依法处理的建议。行政机关和法律、法规授权的具有管理公共事务职能的组织应当将有关改正情况______上级机关和反垄断执法机构。

7. 对反垄断执法机构依法实施的审查和调查，拒绝提供有关材料、信息，或者提供虚假材料、信息，或者隐匿、销毁、转移证据，或者有其他拒绝、阻碍调查行为的，由反垄断执法机构责令改正，对单位处上一年度销售额______以下的罚款，上一年度没有销售额或者销售额难以计算的，处______万元以下的罚款；对个人处______万元以下的罚款。

8. 违反《反垄断法》规定，情节特别严重、影响特别恶劣、造成特别严重后果的，国务院反垄断执法机构可以在本法第 56 条、第 57 条、第 58 条、第 62 条规定的罚款数额的______倍以上______倍以下确定具体罚款数额。

9. 反垄断执法机构工作人员滥用职权、玩忽职守、徇私舞弊或者泄露执法过程中知悉的______、______和______的，依法给予处分。

第八章 附 则

第六十八条 【不得滥用知识产权排除、限制竞争】经营者依照有关知识产权的法律、行政法规规定行使知识产权的行为，不适用本法；但是，经营者滥用知识产权，排除、限制竞争的行为，适用本法。

第六十九条 【农业生产经营活动不适用本法】农业生产者及农村经济组织在农产品生产、加工、销售、运输、储存等经营活动中实施的联合或者协同行为，不适用本法。

第七十条 【施行时间】本法自2008年8月1日起施行。

附录一　相关规定

公平竞争审查制度实施细则

（2021年6月29日　国市监反垄规〔2021〕2号）

第一章　总　　则

第一条　为全面落实公平竞争审查制度，健全公平竞争审查机制，规范有效开展审查工作，根据《中华人民共和国反垄断法》、《国务院关于在市场体系建设中建立公平竞争审查制度的意见》（国发〔2016〕34号，以下简称《意见》），制定本细则。

第二条　行政机关以及法律、法规授权的具有管理公共事务职能的组织（以下统称政策制定机关），在制定市场准入和退出、产业发展、招商引资、招标投标、政府采购、经营行为规范、资质标准等涉及市场主体经济活动的规章、规范性文件、其他政策性文件以及"一事一议"形式的具体政策措施（以下统称政策措施）时，应当进行公平竞争审查，评估对市场竞争的影响，防止排除、限制市场竞争。

经公平竞争审查认为不具有排除、限制竞争效果或者符合例外规定的，可以实施；具有排除、限制竞争效果且不符合例外规定的，应当不予出台或者调整至符合相关要求后出台；未经公平竞争审查的，不得出台。

第三条 涉及市场主体经济活动的行政法规、国务院制定的政策措施，以及政府部门负责起草的地方性法规、自治条例和单行条例，由起草部门在起草过程中按照本细则规定进行公平竞争审查。未经公平竞争审查的，不得提交审议。

以县级以上地方各级人民政府名义出台的政策措施，由起草部门或者本级人民政府指定的相关部门进行公平竞争审查。起草部门在审查过程中，可以会同本级市场监管部门进行公平竞争审查。未经审查的，不得提交审议。

以多个部门名义联合制定出台的政策措施，由牵头部门负责公平竞争审查，其他部门在各自职责范围内参与公平竞争审查。政策措施涉及其他部门职权的，政策制定机关在公平竞争审查中应当充分征求其意见。

第四条 市场监管总局、发展改革委、财政部、商务部会同有关部门，建立健全公平竞争审查工作部际联席会议制度，统筹协调和监督指导全国公平竞争审查工作。

县级以上地方各级人民政府负责建立健全本地区公平竞争审查工作联席会议制度（以下简称联席会议），统筹协调和监督指导本地区公平竞争审查工作，原则上由本级人民政府分管负责同志担任联席会议召集人。联席会议办公室设在市场监管部门，承担联席会议日常工作。

地方各级联席会议应当每年向本级人民政府和上一级联席会议报告本地区公平竞争审查制度实施情况，接受其指导和监督。

第二章　审查机制和程序

第五条　政策制定机关应当建立健全公平竞争内部审查机制，明确审查机构和程序，可以由政策制定机关的具体业务机构负责，也可以采取内部特定机构统一审查或者由具体业务机构初审后提交特定机构复核等方式。

★ **第六条**　政策制定机关开展公平竞争审查应当遵循审查基本流程（可参考附件 1），识别相关政策措施是否属于审查对象、判断是否违反审查标准、分析是否适用例外规定。属于审查对象的，经审查后应当形成明确的书面审查结论。审查结论应当包括政策措施名称、涉及行业领域、性质类别、起草机构、审查机构、征求意见情况、审查结论、适用例外规定情况、审查机构主要负责人意见等内容（可参考附件 2）。政策措施出台后，审查结论由政策制定机关存档备查。

未形成书面审查结论出台政策措施的，视为未进行公平竞争审查。

第七条 政策制定机关开展公平竞争审查，应当以适当方式征求利害关系人意见，或者通过政府部门网站、政务新媒体等便于社会公众知晓的方式公开征求意见，并在书面审查结论中说明征求意见情况。

在起草政策措施的其他环节已征求过利害关系人意见或者向社会公开征求意见的，可以不再专门就公平竞争审查问题征求意见。对出台前需要保密或者有正当理由需要限定知悉范围的政策措施，由政策制定机关按照相关法律法规处理。

利害关系人指参与相关市场竞争的经营者、上下游经营者、行业协会商会、消费者以及政策措施可能影响其公平参与市场竞争的其他市场主体。

第八条 政策制定机关进行公平竞争审查，可以咨询专家学者、法律顾问、专业机构的意见。征求上述方面意见的，应当在书面审查结论中说明有关情况。

各级联席会议办公室可以根据实际工作需要，建立公平竞争审查工作专家库，便于政策制定机关进行咨询。

第九条 政策制定机关可以就公平竞争审查中遇到的具体问题，向本级联席会议办公室提出咨询。提出咨询请求的政策制定机关，应当提供书面咨询函、政策措施文稿、起草说明、相关法律法规依据及其他相关材料。联席会议办公室应当在收到书面咨询函后及时研究回复。

对涉及重大公共利益，且在制定过程中被多个单位或者个人反映或者举报涉嫌排除、限制竞争的政策措施，本级联席会议办公室可以主动向政策制定机关提出公平竞争审查意见。

第十条 对多个部门联合制定或者涉及多个部门职责的政策措施，在公平竞争审查中出现较大争议或者部门意见难以协调一致时，政策制定机关可以提请本级联席会议协调。联席会议办公室认为确有必要的，可以根据相关工作规则召开会议进行协调。仍无法协调一致的，由政策制定机关提交上级机关决定。

★ **第十一条** 政策制定机关应当对本年度公平竞争审查工作进行总结，于次年1月15日前将书面总结报告报送本级联席会议办公室。

地方各级联席会议办公室汇总形成本级公平竞争审查工作总体情况，于次年1月20日前报送本级人民政府和上一级联席会议办公室，并以适当方式向社会公开。

第十二条 对经公平竞争审查后出台的政策措施，政策制定机关应当对其影响统一市场和公平竞争的情况进行定期评估。评估报告应当向社会公开征求意见，评估结果应当向社会公开。经评估认为妨碍统一市场和公平竞争的，应当及时废止或者修改完善。定期评估可以每三年进行一次，或者在定期清理规章、规范性文件时一并评估。

第三章　审查标准

第十三条　市场准入和退出标准。

（一）不得设置不合理或者歧视性的准入和退出条件，包括但不限于：

1. 设置明显不必要或者超出实际需要的准入和退出条件，排斥或者限制经营者参与市场竞争；

2. 没有法律、行政法规或者国务院规定依据，对不同所有制、地区、组织形式的经营者实施不合理的差别化待遇，设置不平等的市场准入和退出条件；

3. 没有法律、行政法规或者国务院规定依据，以备案、登记、注册、目录、年检、年报、监制、认定、认证、认可、检验、监测、审定、指定、配号、复检、复审、换证、要求设立分支机构以及其他任何形式，设定或者变相设定市场准入障碍；

4. 没有法律、行政法规或者国务院规定依据，对企业注销、破产、挂牌转让、搬迁转移等设定或者变相设定市场退出障碍；

5. 以行政许可、行政检查、行政处罚、行政强制等方式，强制或者变相强制企业转让技术，设定或者变相设定市场准入和退出障碍。

（二）未经公平竞争不得授予经营者特许经营权，包括但不限于：

1. 在一般竞争性领域实施特许经营或者以特许经营为名增设行政许可；

2. 未明确特许经营权期限或者未经法定程序延长特许经营权期限；

3. 未依法采取招标、竞争性谈判等竞争方式，直接将特许经营权授予特定经营者；

4. 设置歧视性条件，使经营者无法公平参与特许经营权竞争。

（三）不得限定经营、购买、使用特定经营者提供的商品和服务，包括但不限于：

1. 以明确要求、暗示、拒绝或者拖延行政审批、重复检查、不予接入平台或者网络、违法违规给予奖励补贴等方式，限定或者变相限定经营、购买、使用特定经营者提供的商品和服务；

2. 在招标投标、政府采购中限定投标人所在地、所有制形式、组织形式，或者设定其他不合理的条件排斥或者限制经营者参与招标投标、政府采购活动；

3. 没有法律、行政法规或者国务院规定依据，通过设置不合理的项目库、名录库、备选库、资格库等条件，排斥或限制潜在经营者提供商品和服务。

（四）不得设置没有法律、行政法规或者国务院规定依据的审批或者具有行政审批性质的事前备案程序，包括但不限于：

1. 没有法律、行政法规或者国务院规定依据，增设行政审批事项，增加行政审批环节、条件和程序；

2. 没有法律、行政法规或者国务院规定依据，设置具有行政审批性质的前置性备案程序。

（五）不得对市场准入负面清单以外的行业、领域、业务等设置审批程序，主要指没有法律、行政法规或者国务院规定依据，采取禁止进入、限制市场主体资质、限制股权比例、限制经营范围和商业模式等方式，限制或者变相限制市场准入。

★★ **第十四条** 商品和要素自由流动标准。

（一）不得对外地和进口商品、服务实行歧视性价格和歧视性补贴政策，包括但不限于：

1. 制定政府定价或者政府指导价时，对外地和进口同类商品、服务制定歧视性价格；

2. 对相关商品、服务进行补贴时，对外地同类商品、服务，国际经贸协定允许外的进口同类商品以及我国作出国际承诺的进口同类服务不予补贴或者给予较低补贴。

（二）不得限制外地和进口商品、服务进入本地市场或者阻碍本地商品运出、服务输出，包括但不限于：

1. 对外地商品、服务规定与本地同类商品、服务不同的技术要求、检验标准，或者采取重复检验、重复认证等歧视性技术措施；

2. 对进口商品规定与本地同类商品不同的技术要求、检验标准，或者采取重复检验、重复认证等歧视性技术措施；

3. 没有法律、行政法规或者国务院规定依据，对进口服务规定与本地同类服务不同的技术要求、检验标准，或者采取重复检验、重复认证等歧视性技术措施；

4. 设置专门针对外地和进口商品、服务的专营、专卖、审批、许可、备案，或者规定不同的条件、程序和期限等；

5. 在道路、车站、港口、航空港或者本行政区域边界设置关卡，阻碍外地和进口商品、服务进入本地市场或者本地商品运出和服务输出；

6. 通过软件或者互联网设置屏蔽以及采取其他手段，阻碍外地和进口商品、服务进入本地市场或者本地商品运出和服务输出。

（三）不得排斥或者限制外地经营者参加本地招标投标活动，包括但不限于：

1. 不依法及时、有效、完整地发布招标信息；

2. 直接规定外地经营者不能参与本地特定的招标投标活动；

3. 对外地经营者设定歧视性的资质资格要求或者评标评审标准；

4. 将经营者在本地区的业绩、所获得的奖项荣誉作为投标条件、加分条件、中标条件或者用于评价企业信用等级，限制或者变相限制外地经营者参加本地招标投标活动；

5. 没有法律、行政法规或者国务院规定依据，要求经营者在本地注册设立分支机构，在本地拥有一定办公面积，在本地缴纳社会保险等，限制或者变相限制外地经营者参加本地招标投标活动；

6. 通过设定与招标项目的具体特点和实际需要不相适应或者与合同履行无关的资格、技术和商务条件，限制或者变相限制外地经营者参加本地招标投标活动。

（四）不得排斥、限制或者强制外地经营者在本地投资或者设立分支机构，包括但不限于：

1. 直接拒绝外地经营者在本地投资或者设立分支机构；

2. 没有法律、行政法规或者国务院规定依据，对外地经营者在本地投资的规模、方式以及设立分支机构的地址、模式等进行限制；

3. 没有法律、行政法规或者国务院规定依据，直接强制外地经营者在本地投资或者设立分支机构；

4. 没有法律、行政法规或者国务院规定依据，将在本地投资或者设立分支机构作为参与本地招标投标、享受补贴和优惠政策等的必要条件，变相强制外地经营者在本地投资或者设立分支机构。

（五）不得对外地经营者在本地的投资或者设立的分支机构实行歧视性待遇，侵害其合法权益，包括但不限于：

1. 对外地经营者在本地的投资不给予与本地经营者同等的政策待遇；

2. 对外地经营者在本地设立的分支机构在经营规模、经营方式、税费缴纳等方面规定与本地经营者不同的要求；

3. 在节能环保、安全生产、健康卫生、工程质量、市场监管等方面，对外地经营者在本地设立的分支机构规定歧视性监管标准和要求。

★ **第十五条** 影响生产经营成本标准。

（一）不得违法给予特定经营者优惠政策，包括但不限于：

1. 没有法律、行政法规或者国务院规定依据，给予特定经营者财政奖励和补贴；

2. 没有专门的税收法律、法规和国务院规定依据，给予特定经营者税收优惠政策；

3. 没有法律、行政法规或者国务院规定依据，在土地、劳动力、资本、技术、数据等要素获取方面，给予特定经营者优惠政策；

4. 没有法律、行政法规或者国务院规定依据，在环保标准、排污权限等方面给予特定经营者特殊待遇；

5. 没有法律、行政法规或者国务院规定依据，对特定经营者减免、缓征或停征行政事业性收费、政府性基金、住房公积金等。

给予特定经营者的优惠政策应当依法公开。

（二）安排财政支出一般不得与特定经营者缴纳的税收或非税收入挂钩，主要指根据特定经营者缴纳的税收或者非税收入情况，采取列收列支或者违法违规采取先征后返、即征即退等形式，对特定经营者进行返还，或者给予特定经营者财政奖励或补贴、减免土地等自然资源有偿使用收入等优惠政策。

（三）不得违法违规减免或者缓征特定经营者应当缴纳的社会保险费用，主要指没有法律、行政法规或者国务院规定依据，根据经营者规模、所有制形式、组织形式、地区等因素，减免或者缓征特定经营者需要缴纳的基本养老保险费、基本医疗保险费、失业保险费、工伤保险费、生育保险费等。

（四）不得在法律规定之外要求经营者提供或扣留经营者各类保证金，包括但不限于：

1. 没有法律、行政法规依据或者经国务院批准，要求经营者交纳各类保证金；

2. 限定只能以现金形式交纳投标保证金或履约保证金；

3. 在经营者履行相关程序或者完成相关事项后，不依法退还经营者交纳的保证金及银行同期存款利息。

★ **第十六条** 影响生产经营行为标准。

（一）不得强制经营者从事《中华人民共和国反垄断法》禁止的垄断行为，主要指以行政命令、行政授权、行政指导等方式或者通过行业协会商会，强制、组织或者引导经营者达成垄断协议、滥用市场支配地位，以及实施具有或者可能具有排除、限制竞争效果的经营者集中等行为。

（二）不得违法披露或者违法要求经营者披露生产经营敏感信息，为经营者实施垄断行为提供便利条件。生产经营敏感信息是指除依据法律、行政法规或者国务院规定需要公开之外，生产经营者未主动公开，通过公开渠道无法采集的生产经营数据。主要包括：拟定价格、成本、营业收入、利润、生产数量、销售数量、生产销售计划、进出口数量、经销商信息、终端客户信息等。

（三）不得超越定价权限进行政府定价，包括但不限于：

1. 对实行政府指导价的商品、服务进行政府定价；

2. 对不属于本级政府定价目录范围内的商品、服务制定政府定价或者政府指导价；

3. 违反《中华人民共和国价格法》等法律法规采取价格干预措施。

（四）不得违法干预实行市场调节价的商品和服务的价格水平，包括但不限于：

1. 制定公布商品和服务的统一执行价、参考价；

2. 规定商品和服务的最高或者最低限价；

3. 干预影响商品和服务价格水平的手续费、折扣或者其他费用。

第四章　例外规定

★★ **第十七条**　属于下列情形之一的政策措施，虽然在一定程度上具有限制竞争的效果，但在符合规定的情况下可以出台实施：

（一）维护国家经济安全、文化安全、科技安全或者涉及国防建设的；

（二）为实现扶贫开发、救灾救助等社会保障目的；

（三）为实现节约能源资源、保护生态环境、维护公共卫生健康安全等社会公共利益的；

（四）法律、行政法规规定的其他情形。

属于前款第一项至第三项情形的，政策制定机关应当说明相关政策措施对实现政策目的不可或缺，且不会严重限制市场竞争，并明确实施期限。

第十八条 政策制定机关应当在书面审查结论中说明政策措施是否适用例外规定。认为适用例外规定的，应当对符合适用例外规定的情形和条件进行详细说明。

第十九条 政策制定机关应当逐年评估适用例外规定的政策措施的实施效果，形成书面评估报告。实施期限到期或者未达到预期效果的政策措施，应当及时停止执行或者进行调整。

第五章 第三方评估

第二十条 政策制定机关可以根据工作实际，委托具备相应评估能力的高等院校、科研院所、专业咨询公司等第三方机构，对有关政策措施进行公平竞争评估，或者对公平竞争审查有关工作进行评估。

各级联席会议办公室可以委托第三方机构，对本地公平竞争审查制度总体实施情况开展评估。

★ **第二十一条** 政策制定机关在开展公平竞争审查工作的以下阶段和环节，均可以采取第三方评估方式进行：

（一）对拟出台的政策措施进行公平竞争审查；

（二）对经公平竞争审查出台的政策措施进行定期评估；

（三）对适用例外规定出台的政策措施进行逐年评估；

（四）对公平竞争审查制度实施情况进行综合评价；

（五）与公平竞争审查工作相关的其他阶段和环节。

★★ **第二十二条** 对拟出台的政策措施进行公平竞争审查时，存在以下情形之一的，应当引入第三方评估：

（一）政策制定机关拟适用例外规定的；

（二）被多个单位或者个人反映或者举报涉嫌违反公平竞争审查标准的。

第二十三条 第三方评估结果作为政策制定机关开展公平竞争审查、评价制度实施成效、制定工作推进方案的重要参考。对拟出台的政策措施进行第三方评估的，政策制定机关应当在书面审查结论中说明评估情况。最终做出的审查结论与第三方评估结果不一致的，应当在书面审查结论中说明理由。

第二十四条 第三方评估经费纳入预算管理。政策制定机关依法依规做好第三方评估经费保障。

第六章　监督与责任追究

★★ **第二十五条**　政策制定机关涉嫌未进行公平竞争审查或者违反审查标准出台政策措施的，任何单位和个人可以向政策制定机关反映，也可以向政策制定机关的上级机关或者本级及以上市场监管部门举报。反映或者举报采用书面形式并提供相关事实依据的，有关部门要及时予以处理。涉嫌违反《中华人民共和国反垄断法》的，由反垄断执法机构依法调查。

第二十六条　政策制定机关未进行公平竞争审查出台政策措施的，应当及时补做审查。发现存在违反公平竞争审查标准问题的，应当按照相关程序停止执行或者调整相关政策措施。停止执行或者调整相关政策措施的，应当依照《中华人民共和国政府信息公开条例》要求向社会公开。

第二十七条　政策制定机关的上级机关经核实认定政策制定机关未进行公平竞争审查或者违反审查标准出台政策措施的，应当责令其改正；拒不改正或者不及时改正的，对直接负责的主管人员和其他直接责任人员依据《中华人民共和国公务员法》、《中华人民共和国公职人员政务处分法》、《行政机关公务员处分条例》等法律法规给予处分。本级及以上市场监管部门可以向政策制定机关或者其上级机关提出整改建议；整改情况要及时向有关方面反馈。违反《中华人民共和国反垄断法》的，反垄断执法机构可以向有关上级机关提出依法处理的建议。相关处理决定和建议依法向社会公开。

第二十八条 市场监管总局负责牵头组织政策措施抽查，检查有关政策措施是否履行审查程序、审查流程是否规范、审查结论是否准确等。对市场主体反映比较强烈、问题比较集中、滥用行政权力排除限制竞争行为多发的行业和地区，进行重点抽查。抽查结果及时反馈被抽查单位，并以适当方式向社会公开。对抽查发现的排除、限制竞争问题，被抽查单位应当及时整改。

各地应当结合实际，建立本地区政策措施抽查机制。

第二十九条 县级以上地方各级人民政府建立健全公平竞争审查考核制度，对落实公平竞争审查制度成效显著的单位予以表扬激励，对工作推进不力的进行督促整改，对工作中出现问题并造成不良后果的依法依规严肃处理。

第七章 附 则

第三十条 各地区、各部门在遵循《意见》和本细则规定的基础上，可以根据本地区、本行业实际情况，制定公平竞争审查工作办法和具体措施。

第三十一条 本细则自公布之日起实施。《公平竞争审查制度实施细则（暂行）》（发改价监〔2017〕1849 号）同时废止。

附件： 1. 公平竞争审查基本流程

2. 公平竞争审查表

附件 1

公平竞争审查基本流程

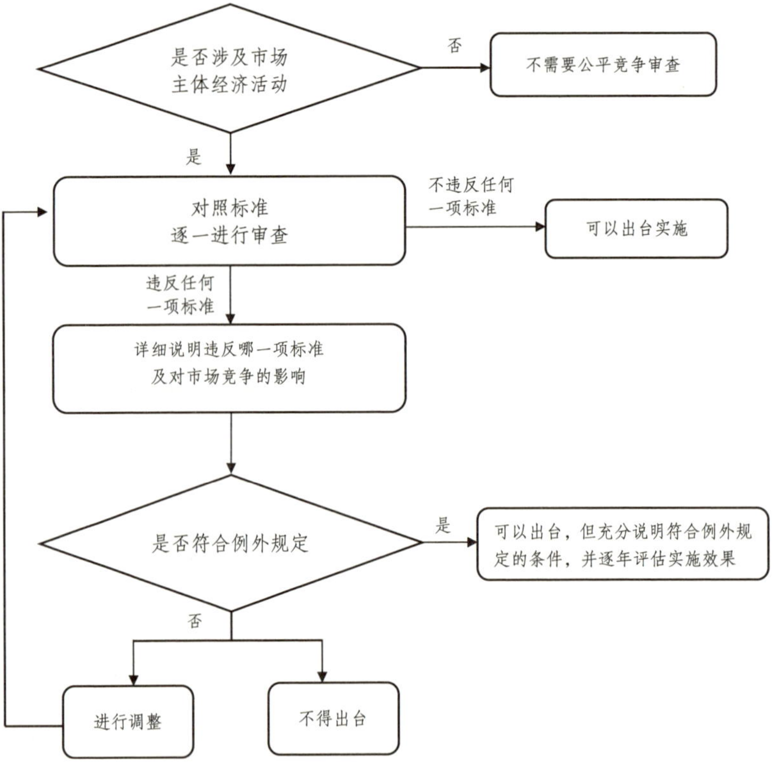

附件 2

公平竞争审查表

年　　月　　日

<table>
<tr><td>政策措施名称</td><td colspan="4"></td></tr>
<tr><td>涉及行业领域</td><td colspan="4"></td></tr>
<tr><td>性质</td><td colspan="4">行政法规草案□　地方性法规草案□　规章□
规范性文件　□　其他政策措施　□</td></tr>
<tr><td rowspan="2">起草机构</td><td>名　称</td><td colspan="3"></td></tr>
<tr><td>联系人</td><td></td><td>电话</td><td></td></tr>
<tr><td rowspan="2">审查机构</td><td>名　称</td><td colspan="3"></td></tr>
<tr><td>联系人</td><td></td><td>电话</td><td></td></tr>
<tr><td rowspan="2">征求意见情况</td><td colspan="4">征求利害关系人意见□　向社会公开征求意见□</td></tr>
<tr><td colspan="4">具体情况（时间、对象、意见反馈和采纳情况）：

（可附相关报告）</td></tr>
<tr><td>咨询及第三方评估情况（可选）</td><td colspan="4">
（可附相关报告）</td></tr>
<tr><td>审查结论</td><td colspan="4">
（可附相关报告）</td></tr>
<tr><td rowspan="2">适用例外规定</td><td colspan="4">是□　　否□</td></tr>
<tr><td>选择“是”时详细说明理由</td><td colspan="3"></td></tr>
</table>

其他需要说明的情况	
审查机构主要负责人意见	签字：　　　　盖章：

国务院关于经营者集中申报标准的规定

（2008 年 8 月 3 日国务院令第 529 号公布　根据 2018 年 9 月 18 日《国务院关于修改部分行政法规的决定》修订）

第一条　为了明确经营者集中的申报标准，根据《中华人民共和国反垄断法》，制定本规定。

★★ **第二条**　经营者集中是指下列情形：

（一）经营者合并；

（二）经营者通过取得股权或者资产的方式取得对其他经营者的控制权；

（三）经营者通过合同等方式取得对其他经营者的控制权或者能够对其他经营者施加决定性影响。

★ **第三条**　经营者集中达到下列标准之一的，经营者应当事先向国务院反垄断执法机构申报，未申报的不得实施集中：

（一）参与集中的所有经营者上一会计年度在全球范围内的营业额合计超过 100 亿元人民币，并且其中至少两个经营者上一会计年度在中国境内的营业额均超过 4 亿元人民币；

（二）参与集中的所有经营者上一会计年度在中国境内的营业额合计超过20亿元人民币，并且其中至少两个经营者上一会计年度在中国境内的营业额均超过4亿元人民币。

营业额的计算，应当考虑银行、保险、证券、期货等特殊行业、领域的实际情况，具体办法由国务院反垄断执法机构会同国务院有关部门制定。

第四条 经营者集中未达到本规定第三条规定的申报标准，但按照规定程序收集的事实和证据表明该经营者集中具有或者可能具有排除、限制竞争效果的，国务院反垄断执法机构应当依法进行调查。

第五条 本规定自公布之日起施行。

禁止滥用市场支配地位行为暂行规定

（2019年6月26日国家市场监督管理总局令第11号公布　根据2022年3月24日《国家市场监督管理总局关于修改和废止有关规章的决定》修改）

第一条　为了预防和制止滥用市场支配地位行为，根据《中华人民共和国反垄断法》（以下简称反垄断法），制定本规定。

第二条　国家市场监督管理总局（以下简称市场监管总局）负责滥用市场支配地位行为的反垄断执法工作。

市场监管总局根据反垄断法第十条第二款规定，授权各省、自治区、直辖市市场监督管理部门（以下简称省级市场监管部门）负责本行政区域内滥用市场支配地位行为的反垄断执法工作。

本规定所称反垄断执法机构包括市场监管总局和省级市场监管部门。

☆☆☆ **第三条**　市场监管总局负责查处下列滥用市场支配地位行为：

（一）跨省、自治区、直辖市的；

（二）案情较为复杂或者在全国有重大影响的；

（三）市场监管总局认为有必要直接查处的。

前款所列滥用市场支配地位行为，市场监管总局可以指定省级市场监管部门查处。

省级市场监管部门根据授权查处滥用市场支配地位行为时，发现不属于本部门查处范围，或者虽属于本部门查处范围，但有必要由市场监管总局查处的，应当及时向市场监管总局报告。

第四条 反垄断执法机构查处滥用市场支配地位行为时，应当平等对待所有经营者。

★ **第五条** 市场支配地位是指经营者在相关市场内具有能够控制商品或者服务（以下统称商品）价格、数量或者其他交易条件，或者能够阻碍、影响其他经营者进入相关市场能力的市场地位。

本条所称其他交易条件是指除商品价格、数量之外能够对市场交易产生实质影响的其他因素，包括商品品种、商品品质、付款条件、交付方式、售后服务、交易选择、技术约束等。

本条所称能够阻碍、影响其他经营者进入相关市场，包括排除其他经营者进入相关市场，或者延缓其他经营者在合理时间内进入相关市场，或者导致其他经营者虽能够进入该相关市场但进入成本大幅提高，无法与现有经营者开展有效竞争等情形。

第六条 根据反垄断法第十八条第一项，确定经营者在相关市场的市场份额，可以考虑一定时期内经营者的特定商品销售金额、销售数量或者其他指标在相关市场所占的比重。

分析相关市场竞争状况，可以考虑相关市场的发展状况、现有竞争者的数量和市场份额、商品差异程度、创新和技术变化、销售和采购模式、潜在竞争者情况等因素。

第七条 根据反垄断法第十八条第二项，确定经营者控制销售市场或者原材料采购市场的能力，可以考虑该经营者控制产业链上下游市场的能力，控制销售渠道或者采购渠道的能力，影响或者决定价格、数量、合同期限或者其他交易条件的能力，以及优先获得企业生产经营所必需的原料、半成品、零部件、相关设备以及需要投入的其他资源的能力等因素。

第八条 根据反垄断法第十八条第三项，确定经营者的财力和技术条件，可以考虑该经营者的资产规模、盈利能力、融资能力、研发能力、技术装备、技术创新和应用能力、拥有的知识产权等，以及该财力和技术条件能够以何种方式和程度促进该经营者业务扩张或者巩固、维持市场地位等因素。

第九条 根据反垄断法第十八条第四项，确定其他经营者对该经营者在交易上的依赖程度，可以考虑其他经营者与该经营者之间的交易关系、交易量、交易持续时间、在合理时间内转向其他交易相对人的难易程度等因素。

第十条 根据反垄断法第十八条第五项，确定其他经营者进入相关市场的难易程度，可以考虑市场准入、获取必要资源的难度、采购和销售渠道的控制情况、资金投入规模、技术壁垒、品牌依赖、用户转换成本、消费习惯等因素。

第十一条 根据反垄断法第十八条和本规定第六条至第十条规定认定互联网等新经济业态经营者具有市场支配地位，可以考虑相关行业竞争特点、经营模式、用户数量、网络效应、锁定效应、技术特性、市场创新、掌握和处理相关数据的能力及经营者在关联市场的市场力量等因素。

第十二条 根据反垄断法第十八条和本规定第六条至第十条认定知识产权领域经营者具有市场支配地位，可以考虑知识产权的替代性、下游市场对利用知识产权所提供商品的依赖程度、交易相对人对经营者的制衡能力等因素。

第十三条 认定两个以上的经营者具有市场支配地位，除考虑本规定第六条至第十二条规定的因素外，还应当考虑市场结构、相关市场透明度、相关商品同质化程度、经营者行为一致性等因素。

★ **第十四条** 禁止具有市场支配地位的经营者以不公平的高价销售商品或者以不公平的低价购买商品。

认定“不公平的高价”或者“不公平的低价”，可以考虑下列因素：

（一）销售价格或者购买价格是否明显高于或者明显低于其他经营者在相同或者相似市场条件下销售或者购买同种商品或者可比较商品的价格；

（二）销售价格或者购买价格是否明显高于或者明显低于同一经营者在其他相同或者相似市场条件区域销售或者购买商品的价格；

（三）在成本基本稳定的情况下，是否超过正常幅度提高销售价格或者降低购买价格；

（四）销售商品的提价幅度是否明显高于成本增长幅度，或者购买商品的降价幅度是否明显高于交易相对人成本降低幅度；

（五）需要考虑的其他相关因素。

认定市场条件相同或者相似，应当考虑销售渠道、销售模式、供求状况、监管环境、交易环节、成本结构、交易情况等因素。

★ **第十五条** 禁止具有市场支配地位的经营者没有正当

理由，以低于成本的价格销售商品。

认定低于成本的价格销售商品，应当重点考虑价格是否低于平均可变成本。平均可变成本是指随着生产的商品数量变化而变动的每单位成本。涉及互联网等新经济业态中的免费模式，应当综合考虑经营者提供的免费商品以及相关收费商品等情况。

本条所称“正当理由”包括：

（一）降价处理鲜活商品、季节性商品、有效期限即将到期的商品和积压商品的；

（二）因清偿债务、转产、歇业降价销售商品的；

（三）在合理期限内为推广新商品进行促销的；

（四）能够证明行为具有正当性的其他理由。

★ **第十六条** 禁止具有市场支配地位的经营者没有正当理由，通过下列方式拒绝与交易相对人进行交易：

（一）实质性削减与交易相对人的现有交易数量；

（二）拖延、中断与交易相对人的现有交易；

（三）拒绝与交易相对人进行新的交易；

（四）设置限制性条件，使交易相对人难以与其进行交易；

（五）拒绝交易相对人在生产经营活动中，以合理条件使用其必需设施。

在依据前款第五项认定经营者滥用市场支配地位时，

应当综合考虑以合理的投入另行投资建设或者另行开发建造该设施的可行性、交易相对人有效开展生产经营活动对该设施的依赖程度、该经营者提供该设施的可能性以及对自身生产经营活动造成的影响等因素。

本条所称“正当理由”包括：

（一）因不可抗力等客观原因无法进行交易；

（二）交易相对人有不良信用记录或者出现经营状况恶化等情况，影响交易安全；

（三）与交易相对人进行交易将使经营者利益发生不当减损；

（四）能够证明行为具有正当性的其他理由。

★ **第十七条** 禁止具有市场支配地位的经营者没有正当理由，从事下列限定交易行为：

（一）限定交易相对人只能与其进行交易；

（二）限定交易相对人只能与其指定的经营者进行交易；

（三）限定交易相对人不得与特定经营者进行交易。

从事上述限定交易行为可以是直接限定，也可以是以设定交易条件等方式变相限定。

本条所称“正当理由”包括：

（一）为满足产品安全要求所必须；

（二）为保护知识产权所必须；

（三）为保护针对交易进行的特定投资所必须；

（四）能够证明行为具有正当性的其他理由。

★ **第十八条** 禁止具有市场支配地位的经营者没有正当理由搭售商品，或者在交易时附加其他不合理的交易条件：

（一）违背交易惯例、消费习惯或者无视商品的功能，将不同商品捆绑销售或者组合销售；

（二）对合同期限、支付方式、商品的运输及交付方式或者服务的提供方式等附加不合理的限制；

（三）对商品的销售地域、销售对象、售后服务等附加不合理的限制；

（四）交易时在价格之外附加不合理费用；

（五）附加与交易标的无关的交易条件。

本条所称"正当理由"包括：

（一）符合正当的行业惯例和交易习惯；

（二）为满足产品安全要求所必须；

（三）为实现特定技术所必须；

（四）能够证明行为具有正当性的其他理由。

★ **第十九条** 禁止具有市场支配地位的经营者没有正当理由，对条件相同的交易相对人在交易条件上实行下列差别待遇：

（一）实行不同的交易价格、数量、品种、品质等级；

（二）实行不同的数量折扣等优惠条件；

（三）实行不同的付款条件、交付方式；

（四）实行不同的保修内容和期限、维修内容和时间、零配件供应、技术指导等售后服务条件。

条件相同是指交易相对人之间在交易安全、交易成本、规模和能力、信用状况、所处交易环节、交易持续时间等方面不存在实质性影响交易的差别。

本条所称“正当理由”包括：

（一）根据交易相对人实际需求且符合正当的交易习惯和行业惯例，实行不同交易条件；

（二）针对新用户的首次交易在合理期限内开展的优惠活动；

（三）能够证明行为具有正当性的其他理由。

第二十条 反垄断执法机构认定本规定第十四条所称的“不公平”和第十五条至第十九条所称的“正当理由”，还应当考虑下列因素：

（一）有关行为是否为法律、法规所规定；

（二）有关行为对社会公共利益的影响；

（三）有关行为对经济运行效率、经济发展的影响；

（四）有关行为是否为经营者正常经营及实现正常效益所必须；

（五）有关行为对经营者业务发展、未来投资、创新方面的影响；

（六）有关行为是否能够使交易相对人或者消费者获益。

★ **第二十一条** 市场监管总局认定其他滥用市场支配地位行为，应当同时符合下列条件：

（一）经营者具有市场支配地位；

（二）经营者实施了排除、限制竞争行为；

（三）经营者实施相关行为不具有正当理由；

（四）经营者相关行为对市场竞争具有排除、限制影响。

第二十二条 供水、供电、供气、供热、电信、有线电视、邮政、交通运输等公用事业领域经营者应当依法经营，不得滥用其市场支配地位损害消费者利益。

第二十三条 反垄断执法机构依据职权，或者通过举报、上级机关交办、其他机关移送、下级机关报告、经营者主动报告等途径，发现涉嫌滥用市场支配地位行为。

★★ **第二十四条** 举报采用书面形式并提供相关事实和证据的，反垄断执法机构应当进行必要的调查。书面举报一般包括下列内容：

（一）举报人的基本情况；

（二）被举报人的基本情况；

（三）涉嫌滥用市场支配地位行为的相关事实和证据；

（四）是否就同一事实已向其他行政机关举报或者向人民法院提起诉讼。

反垄断执法机构根据工作需要，可以要求举报人补充举报材料。

第二十五条 反垄断执法机构经过对涉嫌滥用市场支配地位行为必要的调查，决定是否立案。

省级市场监管部门应当自立案之日起7个工作日内向市场监管总局备案。

★ **第二十六条** 市场监管总局在查处滥用市场支配地位行为时，可以委托省级市场监管部门进行调查。

省级市场监管部门在查处滥用市场支配地位行为时，可以委托下级市场监管部门进行调查。

受委托的市场监管部门在委托范围内，以委托机关的名义实施调查，不得再委托其他行政机关、组织或者个人进行调查。

第二十七条 省级市场监管部门查处涉嫌滥用市场支配地位行为时，可以根据需要商请相关省级市场监管部门协助调查，相关省级市场监管部门应当予以协助。

第二十八条 反垄断执法机构对滥用市场支配地位行为进行行政处罚的，应当依法制作行政处罚决定书。

行政处罚决定书的内容包括：

（一）经营者的姓名或者名称、地址等基本情况；

（二）案件来源及调查经过；

（三）违法事实和相关证据；

（四）经营者陈述、申辩的采纳情况及理由；

（五）行政处罚的内容和依据；

（六）行政处罚的履行方式、期限；

（七）不服行政处罚决定，申请行政复议或者提起行政诉讼的途径和期限；

（八）作出行政处罚决定的反垄断执法机构名称和作出决定的日期。

★★ **第二十九条** 涉嫌滥用市场支配地位的经营者在被调查期间，可以提出中止调查申请，承诺在反垄断执法机构认可的期限内采取具体措施消除行为影响。

中止调查申请应当以书面形式提出，并由经营者负责人签字并盖章。申请书应当载明下列事项：

（一）涉嫌滥用市场支配地位行为的事实；

（二）承诺采取消除行为后果的具体措施；

（三）履行承诺的时限；

（四）需要承诺的其他内容。

反垄断执法机构对涉嫌滥用市场支配地位行为调查核实后，认为构成涉嫌滥用市场支配地位行为的，应当依法作出处理决定，不再接受经营者提出的中止调查申请。

第三十条 反垄断执法机构根据被调查经营者的中止

调查申请，在考虑行为的性质、持续时间、后果、社会影响、经营者承诺的措施及其预期效果等具体情况后，决定是否中止调查。

第三十一条 反垄断执法机构决定中止调查的，应当制作中止调查决定书。

中止调查决定书应当载明被调查经营者涉嫌滥用市场支配地位行为的事实、承诺的具体内容、消除影响的具体措施、履行承诺的时限以及未履行或者未完全履行承诺的法律后果等内容。

第三十二条 决定中止调查的，反垄断执法机构应当对经营者履行承诺的情况进行监督。

经营者应当在规定的时限内向反垄断执法机构书面报告承诺履行情况。

★★ **第三十三条** 反垄断执法机构确定经营者已经履行承诺的，可以决定终止调查，并制作终止调查决定书。

终止调查决定书应当载明被调查经营者涉嫌滥用市场支配地位行为的事实、承诺的具体内容、履行承诺的情况、监督情况等内容。

有下列情形之一的，反垄断执法机构应当恢复调查：

（一）经营者未履行或者未完全履行承诺的；

（二）作出中止调查决定所依据的事实发生重大变化的；

（三）中止调查决定是基于经营者提供的不完整或者不真实的信息作出的。

第三十四条 省级市场监管部门作出中止调查决定、终止调查决定或者行政处罚告知前，应当向市场监管总局报告。

省级市场监管部门向被调查经营者送达中止调查决定书、终止调查决定书或者行政处罚决定书后，应当在7个工作日内向市场监管总局备案。

第三十五条 反垄断执法机构作出行政处理决定后，依法向社会公布。其中，行政处罚信息应当依法通过国家企业信用信息公示系统向社会公示。

第三十六条 市场监管总局应当加强对省级市场监管部门查处滥用市场支配地位行为的指导和监督，统一执法标准。

省级市场监管部门应当严格按照市场监管总局相关规定查处滥用市场支配地位行为。

★★ **第三十七条** 经营者滥用市场支配地位的，由反垄断执法机构责令停止违法行为，没收违法所得，并处上一年度销售额百分之一以上百分之十以下的罚款。

反垄断执法机构确定具体罚款数额时，应当考虑违法行为的性质、情节、程度、持续时间等因素。

经营者因行政机关和法律、法规授权的具有管理公共事务职能的组织滥用行政权力而滥用市场支配地位的，按照前款规定处理。经营者能够证明其从事的滥用市场支配地位行为是被动遵守行政命令所导致的，可以依法从轻或者减轻处罚。

第三十八条 本规定对滥用市场支配地位行为调查、处罚程序未做规定的，依照《市场监督管理行政处罚程序规定》执行，有关时限、立案、案件管辖的规定除外。

反垄断执法机构组织行政处罚听证的，依照《市场监督管理行政处罚听证办法》执行。

第三十九条 本规定自2019年9月1日起施行。2010年12月31日原国家工商行政管理总局令第54号公布的《工商行政管理机关禁止滥用市场支配地位行为规定》同时废止。

禁止垄断协议暂行规定

（2019年6月26日国家市场监督管理总局令第10号公布　根据2022年3月24日《国家市场监督管理总局关于修改和废止有关规章的决定》修改）

第一条　为了预防和制止垄断协议，根据《中华人民共和国反垄断法》（以下简称反垄断法），制定本规定。

★ **第二条**　国家市场监督管理总局（以下简称市场监管总局）负责垄断协议的反垄断执法工作。

市场监管总局根据反垄断法第十条第二款规定，授权各省、自治区、直辖市市场监督管理部门（以下简称省级市场监管部门）负责本行政区域内垄断协议的反垄断执法工作。

本规定所称反垄断执法机构包括市场监管总局和省级市场监管部门。

★★★ **第三条**　市场监管总局负责查处下列垄断协议：

（一）跨省、自治区、直辖市的；

（二）案情较为复杂或者在全国有重大影响的；

（三）市场监管总局认为有必要直接查处的。

前款所列垄断协议，市场监管总局可以指定省级市场监管部门查处。

省级市场监管部门根据授权查处垄断协议时，发现不属于本部门查处范围，或者虽属于本部门查处范围，但有必要由市场监管总局查处的，应当及时向市场监管总局报告。

第四条 反垄断执法机构查处垄断协议时，应当平等对待所有经营者。

★ **第五条** 垄断协议是指排除、限制竞争的协议、决定或者其他协同行为。

协议或者决定可以是书面、口头等形式。

其他协同行为是指经营者之间虽未明确订立协议或者决定，但实质上存在协调一致的行为。

★ **第六条** 认定其他协同行为，应当考虑下列因素：

（一）经营者的市场行为是否具有一致性；

（二）经营者之间是否进行过意思联络或者信息交流；

（三）经营者能否对行为的一致性作出合理解释；

（四）相关市场的市场结构、竞争状况、市场变化等情况。

★★ **第七条** 禁止具有竞争关系的经营者就商品或者服务（以下统称商品）价格达成下列垄断协议：

（一）固定或者变更价格水平、价格变动幅度、利润水平或者折扣、手续费等其他费用；

（二）约定采用据以计算价格的标准公式；

（三）限制参与协议的经营者的自主定价权；

（四）通过其他方式固定或者变更价格。

☆☆ **第八条** 禁止具有竞争关系的经营者就限制商品的生产数量或者销售数量达成下列垄断协议：

（一）以限制产量、固定产量、停止生产等方式限制商品的生产数量，或者限制特定品种、型号商品的生产数量；

（二）以限制商品投放量等方式限制商品的销售数量，或者限制特定品种、型号商品的销售数量；

（三）通过其他方式限制商品的生产数量或者销售数量。

☆ **第九条** 禁止具有竞争关系的经营者就分割销售市场或者原材料采购市场达成下列垄断协议：

（一）划分商品销售地域、市场份额、销售对象、销售收入、销售利润或者销售商品的种类、数量、时间；

（二）划分原料、半成品、零部件、相关设备等原材料的采购区域、种类、数量、时间或者供应商；

（三）通过其他方式分割销售市场或者原材料采购市场。

前款规定中的原材料还包括经营者生产经营所必需的技术和服务。

☆ **第十条** 禁止具有竞争关系的经营者就限制购买新技术、新设备或者限制开发新技术、新产品达成下列垄断协议：

（一）限制购买、使用新技术、新工艺；

（二）限制购买、租赁、使用新设备、新产品；

（三）限制投资、研发新技术、新工艺、新产品；

（四）拒绝使用新技术、新工艺、新设备、新产品；

（五）通过其他方式限制购买新技术、新设备或者限制开发新技术、新产品。

☆☆ **第十一条** 禁止具有竞争关系的经营者就联合抵制交易达成下列垄断协议：

（一）联合拒绝向特定经营者供应或者销售商品；

（二）联合拒绝采购或者销售特定经营者的商品；

（三）联合限定特定经营者不得与其具有竞争关系的经营者进行交易；

（四）通过其他方式联合抵制交易。

☆☆ **第十二条** 禁止经营者与交易相对人就商品价格达成下列垄断协议：

（一）固定向第三人转售商品的价格水平、价格变动幅度、利润水平或者折扣、手续费等其他费用；

（二）限定向第三人转售商品的最低价格，或者通过限定价格变动幅度、利润水平或者折扣、手续费等其他费用限定向第三人转售商品的最低价格；

（三）通过其他方式固定转售商品价格或者限定转售商品最低价格。

☆☆ **第十三条** 不属于本规定第七条至第十二条所列情形的其他协议、决定或者协同行为，有证据证明排除、限制竞争的，应当认定为垄断协议并予以禁止。

前款规定的垄断协议由市场监管总局负责认定，认定时应当考虑下列因素：

（一）经营者达成、实施协议的事实；

（二）市场竞争状况；

（三）经营者在相关市场中的市场份额及其对市场的控制力；

（四）协议对商品价格、数量、质量等方面的影响；

（五）协议对市场进入、技术进步等方面的影响；

（六）协议对消费者、其他经营者的影响；

（七）与认定垄断协议有关的其他因素。

★★ **第十四条** 禁止行业协会从事下列行为：

（一）制定、发布含有排除、限制竞争内容的行业协会章程、规则、决定、通知、标准等；

（二）召集、组织或者推动本行业的经营者达成含有排除、限制竞争内容的协议、决议、纪要、备忘录等；

（三）其他组织本行业经营者达成或者实施垄断协议的行为。

本规定所称行业协会是指由同行业经济组织和个人组成，行使行业服务和自律管理职能的各种协会、学会、商会、联合会、促进会等社会团体法人。

第十五条 反垄断执法机构依据职权，或者通过举报、上级机关交办、其他机关移送、下级机关报告、经营者主动报告等途径，发现涉嫌垄断协议。

☆☆ **第十六条** 举报采用书面形式并提供相关事实和证据的，反垄断执法机构应当进行必要的调查。书面举报一般包括下列内容：

（一）举报人的基本情况；

（二）被举报人的基本情况；

（三）涉嫌垄断协议的相关事实和证据；

（四）是否就同一事实已向其他行政机关举报或者向人民法院提起诉讼。

反垄断执法机构根据工作需要，可以要求举报人补充举报材料。

☆ **第十七条** 反垄断执法机构经过对涉嫌垄断协议的必要调查，决定是否立案。

省级市场监管部门应当自立案之日起7个工作日内向市场监管总局备案。

☆ **第十八条** 市场监管总局在查处垄断协议时，可以委托省级市场监管部门进行调查。

省级市场监管部门在查处垄断协议时，可以委托下级市场监管部门进行调查。

受委托的市场监管部门在委托范围内，以委托机关的名义实施调查，不得再委托其他行政机关、组织或者个人进行调查。

第十九条 省级市场监管部门查处涉嫌垄断协议时，可以根据需要商请相关省级市场监管部门协助调查，相关省级市场监管部门应当予以协助。

★★ **第二十条** 反垄断执法机构对垄断协议进行行政处罚的，应当依法制作行政处罚决定书。

行政处罚决定书的内容包括：

（一）经营者的姓名或者名称、地址等基本情况；

（二）案件来源及调查经过；

（三）违法事实和相关证据；

（四）经营者陈述、申辩的采纳情况及理由；

（五）行政处罚的内容和依据；

（六）行政处罚的履行方式、期限；

（七）不服行政处罚决定，申请行政复议或者提起行政诉讼的途径和期限；

（八）作出行政处罚决定的反垄断执法机构名称和作出决定的日期。

★★ **第二十一条** 涉嫌垄断协议的经营者在被调查期间，可以提出中止调查申请，承诺在反垄断执法机构认可的期限内采取具体措施消除行为影响。

中止调查申请应当以书面形式提出，并由经营者负责人签字并盖章。申请书应当载明下列事项：

（一）涉嫌垄断协议的事实；

（二）承诺采取消除行为后果的具体措施；

（三）履行承诺的时限；

（四）需要承诺的其他内容。

反垄断执法机构对涉嫌垄断协议调查核实后，认为构成垄断协议的，应当依法作出处理决定，不再接受经营者提出的中止调查申请。

第二十二条　反垄断执法机构根据被调查经营者的中止调查申请，在考虑行为的性质、持续时间、后果、社会影响、经营者承诺的措施及其预期效果等具体情况后，决定是否中止调查。

对于符合本规定第七条至第九条规定的涉嫌垄断协议，反垄断执法机构不得接受中止调查申请。

第二十三条　反垄断执法机构决定中止调查的，应当制作中止调查决定书。

中止调查决定书应当载明被调查经营者涉嫌达成垄断协议的事实、承诺的具体内容、消除影响的具体措施、履行承诺的时限以及未履行或者未完全履行承诺的法律后果等内容。

第二十四条　决定中止调查的，反垄断执法机构应当对经营者履行承诺的情况进行监督。

经营者应当在规定的时限内向反垄断执法机构书面报告承诺履行情况。

☆☆ **第二十五条** 反垄断执法机构确定经营者已经履行承诺的，可以决定终止调查，并制作终止调查决定书。

终止调查决定书应当载明被调查经营者涉嫌垄断协议的事实、承诺的具体内容、履行承诺的情况、监督情况等内容。

有下列情形之一的，反垄断执法机构应当恢复调查：

（一）经营者未履行或者未完全履行承诺的；

（二）作出中止调查决定所依据的事实发生重大变化的；

（三）中止调查决定是基于经营者提供的不完整或者不真实的信息作出的。

第二十六条 经营者能够证明被调查的垄断协议属于反垄断法第十五条规定情形的，不适用本规定第七条至第十三条的规定。

☆☆ **第二十七条** 反垄断执法机构认定被调查的垄断协议是否属于反垄断法第十五条规定的情形，应当考虑下列因素：

（一）协议实现该情形的具体形式和效果；

（二）协议与实现该情形之间的因果关系；

（三）协议是否是实现该情形的必要条件；

（四）其他可以证明协议属于相关情形的因素。

反垄断执法机构认定消费者能否分享协议产生的利益，应当考虑消费者是否因协议的达成、实施在商品价格、质量、种类等方面获得利益。

第二十八条 反垄断执法机构认定被调查的垄断协议属于反垄断法第十五条规定情形的，应当终止调查并制作终止调查决定书。终止调查决定书应当载明协议的基本情况、适用反垄断法第十五条的依据和理由等内容。

反垄断执法机构作出终止调查决定后，因情况发生重大变化，导致被调查的协议不再符合反垄断法第十五条规定情形的，反垄断执法机构应当重新启动调查。

第二十九条 省级市场监管部门作出中止调查决定、终止调查决定或者行政处罚告知前，应当向市场监管总局报告。

省级市场监管部门向被调查经营者送达中止调查决定书、终止调查决定书或者行政处罚决定书后，应当在7个工作日内向市场监管总局备案。

第三十条 反垄断执法机构作出行政处理决定后，依法向社会公布。其中，行政处罚信息应当依法通过国家企业信用信息公示系统向社会公示。

第三十一条 市场监管总局应当加强对省级市场监管部门查处垄断协议的指导和监督，统一执法标准。

省级市场监管部门应当严格按照市场监管总局相关规定查处垄断协议案件。

★ **第三十二条** 经营者违反本规定，达成并实施垄断协议的，由反垄断执法机构责令停止违法行为，没收违法所得，并处上一年度销售额百分之一以上百分之十以下的罚款；尚未实施所达成的垄断协议的，可以处五十万元以下的罚款。

行业协会违反本规定，组织本行业的经营者达成垄断协议的，反垄断执法机构可以对其处五十万元以下的罚款；情节严重的，反垄断执法机构可以提请社会团体登记管理机关依法撤销登记。

反垄断执法机构确定具体罚款数额时，应当考虑违法行为的性质、情节、程度、持续时间等因素。

经营者因行政机关和法律、法规授权的具有管理公共事务职能的组织滥用行政权力而达成垄断协议的，按照前款规定处理。经营者能够证明其达成垄断协议是被动遵守行政命令所导致的，可以依法从轻或者减轻处罚。

第三十三条 参与垄断协议的经营者主动报告达成垄断协议有关情况并提供重要证据的，可以申请依法减轻或者免除处罚。

重要证据是指能够对反垄断执法机构启动调查或者对认定垄断协议起到关键性作用的证据，包括参与垄断协议的经营者、涉及的商品范围、达成协议的内容和方式、协议的具体实施等情况。

★ **第三十四条** 经营者根据本规定第三十三条提出申请的，反垄断执法机构应当根据经营者主动报告的时间顺序、提供证据的重要程度以及达成、实施垄断协议的有关情况，决定是否减轻或者免除处罚。

对于第一个申请者，反垄断执法机构可以免除处罚或者按照不低于百分之八十的幅度减轻罚款；对于第二个申请者，可以按照百分之三十至百分之五十的幅度减轻罚款；对于第三个申请者，可以按照百分之二十至百分之三十的幅度减轻罚款。

第三十五条 本规定对垄断协议调查、处罚程序未做规定的，依照《市场监督管理行政处罚程序规定》执行，有关时限、立案、案件管辖的规定除外。

反垄断执法机构组织行政处罚听证的，依照《市场监督管理行政处罚听证办法》执行。

第三十六条 本规定自2019年9月1日起施行。2009年5月26日原国家工商行政管理总局令第42号公布的《工商行政管理机关查处垄断协议、滥用市场支配地位案件程序规定》、2010年12月31日原国家工商行政管理总局令第53号公布的《工商行政管理机关禁止垄断协议行为的规定》同时废止。

经营者集中审查暂行规定

（2020年10月23日国家市场监督管理总局令第30号公布　根据2022年3月24日《国家市场监督管理总局关于修改和废止有关规章的决定》修改）

第一章　总　　则

第一条　为规范经营者集中反垄断审查工作，根据《中华人民共和国反垄断法》（以下简称反垄断法）和《国务院关于经营者集中申报标准的规定》，制定本规定。

★ **第二条**　国家市场监督管理总局（以下简称市场监管总局）负责经营者集中反垄断审查工作，并对违法实施的经营者集中进行调查处理。

市场监管总局根据工作需要，可以委托省、自治区、直辖市市场监管部门实施经营者集中审查。

★★ **第三条**　本规定所称经营者集中，是指反垄断法第二十条所规定的下列情形：

（一）经营者合并；

（二）经营者通过取得股权或者资产的方式取得对其他经营者的控制权；

（三）经营者通过合同等方式取得对其他经营者的控制权或者能够对其他经营者施加决定性影响。

★★★ **第四条** 判断经营者是否通过交易取得对其他经营者的控制权或者能够对其他经营者施加决定性影响，应当考虑下列因素：

（一）交易的目的和未来的计划；

（二）交易前后其他经营者的股权结构及其变化；

（三）其他经营者股东大会的表决事项及其表决机制，以及其历史出席率和表决情况；

（四）其他经营者董事会或者监事会的组成及其表决机制；

（五）其他经营者高级管理人员的任免等；

（六）其他经营者股东、董事之间的关系，是否存在委托行使投票权、一致行动人等；

（七）该经营者与其他经营者是否存在重大商业关系、合作协议等；

（八）其他应当考虑的因素。

第五条 市场监管总局开展经营者集中反垄断审查工作时，应当平等对待所有经营者。

第二章 经营者集中申报

★ **第六条** 经营者集中达到国务院规定的申报标准(以下简称申报标准)的，经营者应当事先向市场监管总局申报，未申报的不得实施集中。

经营者集中未达到申报标准，但按照规定程序收集的事实和证据表明该经营者集中具有或者可能具有排除、限制竞争效果的，市场监管总局应当依法进行调查。

第七条 营业额包括相关经营者上一会计年度内销售产品和提供服务所获得的收入，扣除相关税金及附加。

★ **第八条** 参与集中的经营者的营业额，应当为该经营者以及申报时与该经营者存在直接或者间接控制关系的所有经营者的营业额总和，但是不包括上述经营者之间的营业额。

经营者取得其他经营者的组成部分时，出让方不再对该组成部分拥有控制权或者不能施加决定性影响的，目标经营者的营业额仅包括该组成部分的营业额。

参与集中的经营者之间或者参与集中的经营者和未参与集中的经营者之间有共同控制的其他经营者时，参与集中的经营者的营业额应当包括被共同控制的经营者与第三方经营者之间的营业额，且此营业额只计算一次。

金融业经营者营业额的计算，按照金融业经营者集中申报营业额计算相关规定执行。

★★ **第九条** 相同经营者之间在两年内多次实施的未达到申报标准的经营者集中，应当视为一次集中，集中时间从最后一次交易算起，参与集中的经营者的营业额应当将多次交易合并计算。经营者通过与其有控制关系的其他经营者实施上述行为，依照本规定处理。

前款所称两年内是指从第一次交易完成之日起至最后一次交易签订协议之日止的期间。

★ **第十条** 市场监管总局加强对经营者集中申报的指导。在正式申报前，经营者可以以书面方式就集中申报事宜向市场监管总局提出商谈的具体问题。

第十一条 通过合并方式实施的经营者集中，合并各方均为申报义务人；其他情形的经营者集中，取得控制权或者能够施加决定性影响的经营者为申报义务人，其他经营者予以配合。

同一项经营者集中有多个申报义务人的，可以委托一个申报义务人申报。被委托的申报义务人未申报的，其他申报义务人不能免除申报义务。申报义务人未申报的，其他参与集中的经营者可以提出申报。

申报人可以自行申报，也可以依法委托他人代理申报。

☆☆ **第十二条** 申报文件、资料应当包括如下内容：

（一）申报书。申报书应当载明参与集中的经营者的名称、住所、经营范围、预定实施集中的日期，并附申报人身份证件或者注册登记文件，境外申报人还须提交当地公证机关的公证文件和相关的认证文件。委托代理人申报的，应当提交授权委托书。

（二）集中对相关市场竞争状况影响的说明。包括集中交易概况；相关市场界定；参与集中的经营者在相关市场的市场份额及其对市场的控制力；主要竞争者及其市场份额；市场集中度；市场进入；行业发展现状；集中对市场竞争结构、行业发展、技术进步、国民经济发展、消费者以及其他经营者的影响；集中对相关市场竞争影响的效果评估及依据。

（三）集中协议。包括各种形式的集中协议文件，如协议书、合同以及相应的补充文件等。

（四）参与集中的经营者经会计师事务所审计的上一会计年度财务会计报告。

（五）市场监管总局要求提交的其他文件、资料。

申报人应当对申报文件、资料的真实性负责。

第十三条 申报人应当对申报文件、资料中的商业秘密、未披露信息或者保密商务信息进行标注，并且同时提交申报文件、资料的公开版本和保密版本。申报文件、资料应当使用中文。

★ **第十四条** 市场监管总局应当对申报人提交的文件、资料进行核查，发现申报文件、资料不完备的，可以要求申报人在规定期限内补交。申报人逾期未补交的，视为未申报。

第十五条 市场监管总局经核查认为申报文件、资料符合法定要求的，应当自收到完备的申报文件、资料之日予以立案并书面通知申报人。

第十六条 经营者集中未达到申报标准，参与集中的经营者自愿提出经营者集中申报，市场监管总局收到申报文件、资料后经审查认为有必要立案的，应当按照反垄断法予以立案审查并作出决定。

★★ **第十七条** 符合下列情形之一的，经营者可以作为简易案件申报，市场监管总局按照简易案件程序进行审查：

（一）在同一相关市场，参与集中的经营者所占的市场份额之和小于百分之十五；在上下游市场，参与集中的经营者所占的市场份额均小于百分之二十五；不在同一相关市场也不存在上下游关系的参与集中的经营者，在与交易有关的每个市场所占的市场份额均小于百分之二十五；

（二）参与集中的经营者在中国境外设立合营企业，合营企业不在中国境内从事经济活动的；

（三）参与集中的经营者收购境外企业股权或者资

产，该境外企业不在中国境内从事经济活动的；

（四）由两个以上经营者共同控制的合营企业，通过集中被其中一个或者一个以上经营者控制的。

☆☆ **第十八条** 符合本规定第十七条但存在下列情形之一的经营者集中，不视为简易案件：

（一）由两个以上经营者共同控制的合营企业，通过集中被其中的一个经营者控制，该经营者与合营企业属于同一相关市场的竞争者，且市场份额之和大于百分之十五的；

（二）经营者集中涉及的相关市场难以界定的；

（三）经营者集中对市场进入、技术进步可能产生不利影响的；

（四）经营者集中对消费者和其他有关经营者可能产生不利影响的；

（五）经营者集中对国民经济发展可能产生不利影响的；

（六）市场监管总局认为可能对市场竞争产生不利影响的其他情形。

第三章 经营者集中审查

★ **第十九条** 市场监管总局应当自立案之日起三十日

内，对申报的经营者集中进行初步审查，作出是否实施进一步审查的决定，并书面通知经营者。

市场监管总局决定实施进一步审查的，应当自决定之日起九十日内审查完毕，作出是否禁止经营者集中的决定，并书面通知经营者。符合反垄断法第二十六条第二款规定情形的，市场监管总局可以延长本款规定的审查期限，最长不得超过六十日。

★★ **第二十条** 在市场监管总局作出审查决定之前，申报人要求撤回经营者集中申报的，应当提交书面申请并说明理由。经市场监管总局同意，申报人可以撤回申报。

集中交易情况或者相关市场竞争状况发生重大变化，需要重新申报的，申报人应当申请撤回。

撤回经营者集中申报的，审查程序终止。市场监管总局同意撤回申报不视为对集中的批准。

第二十一条 在审查过程中，市场监管总局可以根据审查需要，要求申报人在规定时限内补充提供相关文件、资料。

申报人可以主动提供有助于对经营者集中进行审查和作出决定的有关文件、资料。

第二十二条 在审查过程中，参与集中的经营者可以通过信函、传真、电子邮件等方式向市场监管总局就有关申报事项进行书面陈述，市场监管总局应当听取当事人的陈述。

第二十三条 在审查过程中，市场监管总局可以根据审查需要，征求有关政府部门、行业协会、经营者、消费者等单位或者个人的意见。

☆☆ **第二十四条** 审查经营者集中，应当考虑下列因素：

（一）参与集中的经营者在相关市场的市场份额及其对市场的控制力；

（二）相关市场的市场集中度；

（三）经营者集中对市场进入、技术进步的影响；

（四）经营者集中对消费者和其他有关经营者的影响；

（五）经营者集中对国民经济发展的影响；

（六）应当考虑的影响市场竞争的其他因素。

第二十五条 评估经营者集中的竞争影响，可以考察相关经营者单独或者共同排除、限制竞争的能力、动机及可能性。

集中涉及上下游市场或者关联市场的，可以考察相关经营者利用在一个或者多个市场的控制力，排除、限制其他市场竞争的能力、动机及可能性。

第二十六条 评估参与集中的经营者对市场的控制力，可以考虑参与集中的经营者在相关市场的市场份额、产品或者服务的替代程度、控制销售市场或者原材料采购市场的能力、财力和技术条件，以及相关市场的市场结构、其他经营者的生产能力、下游客户购买能力和转换供应商的能力、潜在竞争者进入的抵消效果等因素。

评估相关市场的市场集中度，可以考虑相关市场的经营者数量及市场份额等因素。

第二十七条 评估经营者集中对市场进入的影响，可以考虑经营者通过控制生产要素、销售和采购渠道、关键技术、关键设施等方式影响市场进入的情况，并考虑进入的可能性、及时性和充分性。

评估经营者集中对技术进步的影响，可以考虑经营者集中对技术创新动力、技术研发投入和利用、技术资源整合等方面的影响。

第二十八条 评估经营者集中对消费者的影响，可以考虑经营者集中对产品或者服务的数量、价格、质量、多样化等方面的影响。

评估经营者集中对其他有关经营者的影响，可以考虑经营者集中对同一相关市场、上下游市场或者关联市场经营者的市场进入、交易机会等竞争条件的影响。

第二十九条 评估经营者集中对国民经济发展的影响，可以考虑经营者集中对经济效率、经营规模及其对相关行业发展等方面的影响。

第三十条 评估经营者集中的竞争影响，还可以综合考虑集中对公共利益的影响、参与集中的经营者是否为濒临破产的企业等因素。

★ **第三十一条** 市场监管总局认为经营者集中具有或者可能具有排除、限制竞争效果的，应当告知申报人，并设定一个允许参与集中的经营者提交书面意见的合理期限。

参与集中的经营者的书面意见应当包括相关事实和理由，并提供相应证据。参与集中的经营者逾期未提交书面意见的，视为无异议。

第三十二条 为减少集中具有或者可能具有的排除、限制竞争的效果，参与集中的经营者可以向市场监管总局提出附加限制性条件承诺方案。

市场监管总局应当对承诺方案的有效性、可行性和及时性进行评估，并及时将评估结果通知申报人。

市场监管总局认为承诺方案不足以减少集中对竞争的不利影响的，可以与参与集中的经营者就限制性条件进行磋商，要求其在合理期限内提出其他承诺方案。

第三十三条 根据经营者集中交易具体情况，限制性条件可以包括如下种类：

（一）剥离有形资产、知识产权等无形资产或者相关权益（以下简称剥离业务）等结构性条件；

（二）开放其网络或者平台等基础设施、许可关键技术（包括专利、专有技术或者其他知识产权）、终止排他性协议等行为性条件；

（三）结构性条件和行为性条件相结合的综合性条件。

剥离业务一般应当具有在相关市场开展有效竞争所需要的所有要素，包括有形资产、无形资产、股权、关键人员以及客户协议或者供应协议等权益。剥离对象可以是参与集中经营者的子公司、分支机构或者业务部门。

第三十四条 承诺方案存在不能实施的风险的，参与集中的经营者可以提出备选方案。备选方案应当在首选方案无法实施后生效，并且比首选方案的条件更为严格。

承诺方案为剥离，但存在下列情形之一的，参与集中的经营者可以在承诺方案中提出特定买方和剥离时间建议：

（一）剥离存在较大困难；

（二）剥离前维持剥离业务的竞争性和可销售性存在较大风险；

（三）买方身份对剥离业务能否恢复市场竞争具有重要影响；

（四）市场监管总局认为有必要的其他情形。

第三十五条 对于具有或者可能具有排除、限制竞争效果的经营者集中，参与集中的经营者提出的附加限制性条件承诺方案能够有效减少集中对竞争产生的不利影响的，市场监管总局可以作出附加限制性条件批准决定。参与集中的经营者未能在规定期限内提出附加限制性条件承诺方案，或者所提出的承诺方案不能有效减少集中对竞争产生的不利影响的，市场监管总局应当作出禁止经营者集中的决定。

第四章 限制性条件的监督和实施

第三十六条 对于附加限制性条件批准的经营者集中，义务人应当严格履行审查决定规定的义务，并按规定向市场监管总局报告限制性条件履行情况。

市场监管总局可以自行或者通过受托人对义务人履行限制性条件的行为进行监督检查。通过受托人监督检查的，市场监管总局应当在审查决定中予以明确。受托人包括监督受托人和剥离受托人。

义务人，是指附加限制性条件批准经营者集中的审查决定中要求履行相关义务的经营者。

监督受托人，是指受义务人委托并经市场监管总局评估确定，负责对义务人实施限制性条件进行监督并向市场监管总局报告的自然人、法人或者其他组织。

剥离受托人，是指受义务人委托并经市场监管总局评估确定，在受托剥离阶段负责出售剥离业务并向市场监管总局报告的自然人、法人或者其他组织。

★★ **第三十七条** 通过受托人监督检查的，义务人应当在市场监管总局作出审查决定之日起十五日内向市场监管总局提交监督受托人人选。限制性条件为剥离的，义务人应当在进入受托剥离阶段三十日前向市场监管总局提交剥离受托人人选。受托人应当符合下列要求：

（一）独立于义务人和剥离业务的买方；

（二）具有履行受托人职责的专业团队，团队成员应当具有对限制性条件进行监督所需的专业知识、技能及相关经验；

（三）能够提出可行的工作方案；

（四）过去五年未在担任受托人过程中受到处罚；

（五）市场监管总局提出的其他要求。

市场监管总局评估确定受托人后，义务人应当与受托人签订书面协议，明确各自权利和义务，并报市场监管总局同意。受托人应当勤勉、尽职地履行职责。义务人支付受托人报酬，并为受托人提供必要的支持和便利。

★ **第三十八条** 附加限制性条件为剥离的，剥离义务人应当在审查决定规定的期限内，自行找到合适的剥离业务买方、签订出售协议，并报经市场监管总局批准后完成剥离。剥离义务人未能在规定期限内完成剥离的，市场监管总局可以要求义务人委托剥离受托人在规定的期限内寻找合适的剥离业务买方。剥离业务买方应当符合下列要求：

（一）独立于参与集中的经营者；

（二）拥有必要的资源、能力并有意愿使用剥离业务参与市场竞争；

（三）取得其他监管机构的批准；

（四）不得向参与集中的经营者融资购买剥离业务；

（五）市场监管总局根据具体案件情况提出的其他要求。

买方已有或者能够从其他途径获得剥离业务中的部分资产或者权益时，可以向市场监管总局申请对剥离业务的范围进行必要调整。

★ **第三十九条** 义务人提交市场监管总局审查的监督受托人、剥离受托人、剥离业务买方人选原则上各不少于三家。在特殊情况下，经市场监管总局同意，上述人选可少于三家。

市场监管总局应当对义务人提交的受托人及委托协议、剥离业务买方人选及出售协议进行审查，以确保其符合审查决定要求。

限制性条件为剥离的，市场监管总局上述审查所用时间不计入剥离期限。

★★ **第四十条** 审查决定未规定自行剥离期限的，剥离义务人应当在审查决定作出之日起六个月内找到适当的买方并签订出售协议。经剥离义务人申请并说明理由，市场监管总局可以酌情延长自行剥离期限，但延期最长不得超过三个月。

审查决定未规定受托剥离期限的，剥离受托人应当在受托剥离开始之日起六个月内找到适当的买方并签订出售协议。

第四十一条 剥离义务人应当在市场监管总局审查批准买方和出售协议后，与买方签订出售协议，并自签订之日起三个月内将剥离业务转移给买方，完成所有权转移等相关法律程序。经剥离义务人申请并说明理由，市场监管总局可以酌情延长业务转移的期限。

第四十二条 经市场监管总局批准的买方购买剥离业务达到申报标准的，取得控制权的经营者应当将其作为一项新的经营者集中向市场监管总局申报。市场监管总局作出审查决定之前，剥离义务人不得将剥离业务出售给买方。

第四十三条 在剥离完成之前，为确保剥离业务的存续性、竞争性和可销售性，剥离义务人应当履行下列义务：

（一）保持剥离业务与其保留的业务之间相互独立，并采取一切必要措施以最符合剥离业务发展的方式进行管理；

（二）不得实施任何可能对剥离业务有不利影响的行为，包括聘用被剥离业务的关键员工，获得剥离业务的商业秘密或者其他保密信息等；

（三）指定专门的管理人，负责管理剥离业务。管理人在监督受托人的监督下履行职责，其任命和更换应当得到监督受托人的同意；

（四）确保潜在买方能够以公平合理的方式获得有关剥离业务的充分信息，评估剥离业务的商业价值和发展潜力；

（五）根据买方的要求向其提供必要的支持和便利，确保剥离业务的顺利交接和稳定经营；

（六）向买方及时移交剥离业务并履行相关法律程序。

第四十四条 监督受托人应当在市场监管总局的监督下履行下列职责：

（一）监督义务人履行本规定、审查决定及相关协议规定的义务；

（二）对剥离义务人推荐的买方人选、拟签订的出售协议进行评估，并向市场监管总局提交评估报告；

（三）监督剥离业务出售协议的执行，并定期向市场监管总局提交监督报告；

（四）协调剥离义务人与潜在买方就剥离事项产生的争议；

（五）按照市场监管总局的要求提交其他与义务人履行限制性条件有关的报告。

未经市场监管总局同意，监督受托人不得披露其在履行职责过程中向市场监管总局提交的各种报告及相关信息。

第四十五条　在受托剥离阶段，剥离受托人负责为剥离业务找到买方并达成出售协议。

剥离受托人有权以无底价方式出售剥离业务。

第四十六条　审查决定应当规定附加限制性条件的期限。

根据审查决定，限制性条件到期自动解除的，经市场监管总局核查，义务人未违反审查决定的，限制性条件自动解除。义务人存在违反审查决定情形的，市场监管总局可以适当延长附加限制性条件的期限，并及时向社会公布。

根据审查决定，限制性条件到期后义务人需要申请解除的，义务人应当提交书面申请并说明理由。市场监管总局评估后决定解除限制性条件的，应当及时向社会公布。

限制性条件为剥离，经市场监管总局核查，义务人履行完成所有义务的，限制性条件自动解除。

第四十七条　审查决定生效期间，市场监管总局可以主动或者应义务人申请对限制性条件进行重新审查，变更或者解除限制性条件。市场监管总局决定变更或者解除限制性条件的，应当及时向社会公布。

市场监管总局变更或者解除限制性条件时，应当考虑下列因素：

（一）集中交易方是否发生重大变化；

（二）相关市场竞争状况是否发生实质性变化；

（三）实施限制性条件是否无必要或者不可能；

（四）应当考虑的其他因素。

第五章　对违法实施经营者集中的调查

第四十八条　经营者集中达到申报标准，经营者未申报实施集中、申报后未经批准实施集中或者违反审查决定的，依照本章规定进行调查。

☆☆ **第四十九条**　对涉嫌违法实施经营者集中，任何单位和个人有权向市场监管总局举报。市场监管总局应当为举报人保密。

举报采用书面形式，并提供举报人和被举报人基本情况、涉嫌违法实施经营者集中的相关事实和证据等内容的，市场监管总局应当进行必要的核查。

★ **第五十条**　对有初步事实和证据表明存在违法实施经营者集中嫌疑的，市场监管总局应当予以立案，并书面通知被调查的经营者。

第五十一条　被调查的经营者应当在立案通知送达之

日起三十日内，向市场监管总局提交是否属于经营者集中、是否达到申报标准、是否申报、是否违法实施等有关的文件、资料。

★★ **第五十二条** 市场监管总局应当自收到被调查的经营者依照本规定第五十一条提交的文件、资料之日起三十日内，对被调查的交易是否属于违法实施经营者集中完成初步调查。

属于违法实施经营者集中的，市场监管总局应当作出实施进一步调查的决定，并书面通知被调查的经营者。经营者应当停止违法行为。

不属于违法实施经营者集中的，市场监管总局应当作出不实施进一步调查的决定，并书面通知被调查的经营者。

第五十三条 市场监管总局决定实施进一步调查的，被调查的经营者应当自收到市场监管总局书面通知之日起三十日内，依照本规定关于经营者集中申报文件、资料的规定向市场监管总局提交相关文件、资料。

市场监管总局应当自收到被调查的经营者提交的符合前款规定的文件、资料之日起一百二十日内，完成进一步调查。

在进一步调查阶段，市场监管总局应当按照反垄断法及本规定，对被调查的交易是否具有或者可能具有排除、限制竞争效果进行评估。

第五十四条 在调查过程中，被调查的经营者、利害关系人有权陈述意见。市场监管总局应当对被调查的经营者、利害关系人提出的事实、理由和证据进行核实。

第五十五条 市场监管总局在作出行政处罚决定前，应当将作出行政处罚决定的事实、理由和依据告知被调查的经营者。

被调查的经营者应当在市场监管总局规定的期限内提交书面意见。书面意见应当包括相关事实和证据。

★ **第五十六条** 市场监管总局对违法实施经营者集中应当依法作出处理决定，并可以向社会公布。

第六章 法律责任

第五十七条 经营者违反反垄断法规定实施集中的，依照反垄断法第四十八条规定予以处罚。

第五十八条 申报人隐瞒有关情况或者提供虚假材料的，市场监管总局对经营者集中申报不予立案或者撤销立案，并可以依照反垄断法第五十二条规定予以处罚。

第五十九条 受托人未按要求履行职责的，由市场监管总局责令改正；情节严重的，可以要求义务人更换受托人，并对受托人处三万元以下的罚款。

第六十条 剥离业务的买方未按规定履行义务，影响限制性条件实施的，由市场监管总局责令改正，并可以处三万元以下的罚款。

第七章 附 则

★★ **第六十一条** 市场监管总局以及其他单位和个人对于知悉的商业秘密、未披露信息或者保密商务信息承担保密义务，但根据法律法规规定应当披露的或者事先取得权利人同意的除外。

第六十二条 对未达到申报标准但是具有或者可能具有排除、限制竞争效果的经营者集中，市场监管总局可以依照本规定收集事实和证据，并进行调查。

第六十三条 在审查或者调查过程中，市场监管总局可以组织听证。听证程序依照《市场监督管理行政许可程序暂行规定》《市场监督管理行政处罚听证办法》执行。

第六十四条 对于需要送达经营者的书面文件，送达方式参照《市场监督管理行政处罚程序规定》执行。

第六十五条 本规定自2020年12月1日起施行。

最高人民法院关于审理因垄断行为引发的民事纠纷案件应用法律若干问题的规定

（2012年1月30日最高人民法院审判委员会第1539次会议通过　根据2020年12月23日最高人民法院审判委员会第1823次会议通过的《最高人民法院关于修改〈最高人民法院关于审理侵犯专利权纠纷案件应用法律若干问题的解释（二）〉等十八件知识产权类司法解释的决定》修正）

为正确审理因垄断行为引发的民事纠纷案件，制止垄断行为，保护和促进市场公平竞争，维护消费者利益和社会公共利益，根据《中华人民共和国民法典》《中华人民共和国反垄断法》和《中华人民共和国民事诉讼法》等法律的相关规定，制定本规定。

★ **第一条**　本规定所称因垄断行为引发的民事纠纷案件（以下简称垄断民事纠纷案件），是指因垄断行为受到损失以及因合同内容、行业协会的章程等违反反垄断法而发生争议的自然人、法人或者非法人组织，向人民法院提起的民事诉讼案件。

第二条 原告直接向人民法院提起民事诉讼，或者在反垄断执法机构认定构成垄断行为的处理决定发生法律效力后向人民法院提起民事诉讼，并符合法律规定的其他受理条件的，人民法院应当受理。

★★ **第三条** 第一审垄断民事纠纷案件，由知识产权法院，省、自治区、直辖市人民政府所在地的市、计划单列市中级人民法院以及最高人民法院指定的中级人民法院管辖。

第四条 垄断民事纠纷案件的地域管辖，根据案件具体情况，依照民事诉讼法及相关司法解释有关侵权纠纷、合同纠纷等的管辖规定确定。

第五条 民事纠纷案件立案时的案由并非垄断纠纷，被告以原告实施了垄断行为为由提出抗辩或者反诉且有证据支持，或者案件需要依据反垄断法作出裁判，但受诉人民法院没有垄断民事纠纷案件管辖权的，应当将案件移送有管辖权的人民法院。

★★ **第六条** 两个或者两个以上原告因同一垄断行为向有管辖权的同一法院分别提起诉讼的，人民法院可以合并审理。

两个或者两个以上原告因同一垄断行为向有管辖权的不同法院分别提起诉讼的，后立案的法院在得知有关法院先立案的情况后，应当在七日内裁定将案件移送先立案的法院；受移送的法院可以合并审理。被告应当在答辩阶段主动向受诉人民法院提供其因同一行为在其他法院涉诉的相关信息。

★ **第七条** 被诉垄断行为属于反垄断法第十三条第一款第一项至第五项规定的垄断协议的，被告应对该协议不具有排除、限制竞争的效果承担举证责任。

★ **第八条** 被诉垄断行为属于反垄断法第十七条第一款规定的滥用市场支配地位的，原告应当对被告在相关市场内具有支配地位和其滥用市场支配地位承担举证责任。

被告以其行为具有正当性为由进行抗辩的，应当承担举证责任。

第九条 被诉垄断行为属于公用企业或者其他依法具有独占地位的经营者滥用市场支配地位的，人民法院可以根据市场结构和竞争状况的具体情况，认定被告在相关市场内具有支配地位，但有相反证据足以推翻的除外。

★★ **第十条** 原告可以以被告对外发布的信息作为证明其具有市场支配地位的证据。被告对外发布的信息能够证明其在相关市场内具有支配地位的，人民法院可以据此作出认定，但有相反证据足以推翻的除外。

★★ **第十一条** 证据涉及国家秘密、商业秘密、个人隐私或者其他依法应当保密的内容的，人民法院可以依职权或者当事人的申请采取不公开开庭、限制或者禁止复制、仅对代理律师展示、责令签署保密承诺书等保护措施。

★ **第十二条** 当事人可以向人民法院申请一至二名具有相应专门知识的人员出庭，就案件的专门性问题进行说明。

第十三条 当事人可以向人民法院申请委托专业机构或者专业人员就案件的专门性问题作出市场调查或者经济分析报告。经人民法院同意，双方当事人可以协商确定专业机构或者专业人员；协商不成的，由人民法院指定。

人民法院可以参照民事诉讼法及相关司法解释有关鉴定意见的规定，对前款规定的市场调查或者经济分析报告进行审查判断。

★★ **第十四条** 被告实施垄断行为，给原告造成损失的，根据原告的诉讼请求和查明的事实，人民法院可以依法判令被告承担停止侵害、赔偿损失等民事责任。

根据原告的请求，人民法院可以将原告因调查、制止垄断行为所支付的合理开支计入损失赔偿范围。

★ **第十五条** 被诉合同内容、行业协会的章程等违反反垄断法或者其他法律、行政法规的强制性规定的，人民法院应当依法认定其无效。但是，该强制性规定不导致该民事法律行为无效的除外。

★★ **第十六条** 因垄断行为产生的损害赔偿请求权诉讼时

效期间，从原告知道或者应当知道权益受到损害以及义务人之日起计算。

原告向反垄断执法机构举报被诉垄断行为的，诉讼时效从其举报之日起中断。反垄断执法机构决定不立案、撤销案件或者决定终止调查的，诉讼时效期间从原告知道或者应当知道不立案、撤销案件或者终止调查之日起重新计算。反垄断执法机构调查后认定构成垄断行为的，诉讼时效期间从原告知道或者应当知道反垄断执法机构认定构成垄断行为的处理决定发生法律效力之日起重新计算。

原告知道或者应当知道权益受到损害以及义务人之日起超过三年，如果起诉时被诉垄断行为仍然持续，被告提出诉讼时效抗辩的，损害赔偿应当自原告向人民法院起诉之日起向前推算三年计算。自权利受到损害之日起超过二十年的，人民法院不予保护，有特殊情况的，人民法院可以根据权利人的申请决定延长。

附录二　实用图表

<table>
<tr><td rowspan="3">垄断行为的基本种类</td><td colspan="3">经营者达成垄断协议</td></tr>
<tr><td colspan="3">经营者滥用市场支配地位</td></tr>
<tr><td colspan="3">具有或者可能具有排除、限制竞争效果的经营者集中</td></tr>
<tr><td rowspan="9">禁止达成的垄断协议</td><td rowspan="6">禁止具有竞争关系的经营者达成的垄断协议</td><td colspan="2">固定或者变更商品价格</td></tr>
<tr><td colspan="2">限制商品的生产数量或者销售数量</td></tr>
<tr><td colspan="2">分割销售市场或者原材料采购市场</td></tr>
<tr><td colspan="2">限制购买新技术、新设备或者限制开发新技术、新产品</td></tr>
<tr><td colspan="2">联合抵制交易</td></tr>
<tr><td colspan="2">国务院反垄断执法机构认定的其他垄断协议</td></tr>
<tr><td rowspan="3">禁止经营者与交易相对人达成的垄断协议</td><td>固定向第三人转售商品的价格</td><td rowspan="2">经营者能够证明其不具有排除、限制竞争效果的，不予禁止</td></tr>
<tr><td>限定向第三人转售商品的最低价格</td></tr>
<tr><td colspan="2">国务院反垄断执法机构认定的其他垄断协议</td></tr>
<tr><td rowspan="3">禁止从事的滥用市场支配地位的行为</td><td colspan="3">以不公平的高价销售商品或者以不公平的低价购买商品</td></tr>
<tr><td colspan="3">没有正当理由，以低于成本的价格销售商品</td></tr>
<tr><td colspan="3">没有正当理由，拒绝与交易相对人进行交易</td></tr>
</table>

续表

<table>
<tr><td rowspan="4"></td><td colspan="2">没有正当理由，限定交易相对人只能与其进行交易或者只能与其指定的经营者进行交易</td></tr>
<tr><td colspan="2">没有正当理由搭售商品，或者在交易时附加其他不合理的交易条件</td></tr>
<tr><td colspan="2">没有正当理由，对条件相同的交易相对人在交易价格等交易条件上实行差别待遇</td></tr>
<tr><td colspan="2">国务院反垄断执法机构认定的其他滥用市场支配地位的行为</td></tr>
<tr><td rowspan="5">经营者集中申报</td><td rowspan="3">一般规定</td><td>经营者集中达到国务院规定的申报标准的，经营者应当事先向国务院反垄断执法机构申报，未申报的不得实施集中</td></tr>
<tr><td>经营者集中未达到国务院规定的申报标准，但有证据证明该经营者集中具有或者可能具有排除、限制竞争效果的，国务院反垄断执法机构可以要求经营者申报</td></tr>
<tr><td>经营者未依照前述规定进行申报的，国务院反垄断执法机构应当依法进行调查</td></tr>
<tr><td rowspan="2">申报豁免</td><td>参与集中的一个经营者拥有其他每个经营者百分之五十以上有表决权的股份或者资产的</td></tr>
<tr><td>参与集中的每个经营者百分之五十以上有表决权的股份或者资产被同一个未参与集中的经营者拥有的</td></tr>
</table>

续表

行政机关和法律、法规授权的具有管理公共事务职能的组织不得滥用行政权力从事的行为	限定或者变相限定单位或者个人经营、购买、使用其指定的经营者提供的商品
	通过与经营者签订合作协议、备忘录等方式，妨碍其他经营者进入相关市场或者对其他经营者实行不平等待遇，排除、限制竞争
	对外地商品设定歧视性收费项目、实行歧视性收费标准，或者规定歧视性价格
	对外地商品规定与本地同类商品不同的技术要求、检验标准，或者对外地商品采取重复检验、重复认证等歧视性技术措施，限制外地商品进入本地市场
	采取专门针对外地商品的行政许可，限制外地商品进入本地市场
	设置关卡或者采取其他手段，阻碍外地商品进入或者本地商品运出
	妨碍商品在地区之间自由流通的其他行为
	以设定歧视性资质要求、评审标准或者不依法发布信息等方式，排斥或者限制经营者参加招标投标以及其他经营活动
	采取与本地经营者不平等待遇等方式，排斥、限制、强制或者变相强制外地经营者在本地投资或者设立分支机构
	强制或者变相强制经营者从事《反垄断法》规定的垄断行为
	制定含有排除、限制竞争内容的规定